내가 사라졌다

기억상실 그리고 투병의 기록

내가 사라졌다

조경은 지음

당신의 마음을 울릴
단 한 권의 책

현직 치과의사들이
극찬한 감동 스토리

생사를 넘나드는
영화 같은 실화

Dear Hoonki, Jinwoo, Jinseo

· 들어가며 ·

지금부터 하는 이야기는 제가 직접 겪은 일들이며, 사실에 가깝게 쓰려고 최대한 노력하였습니다. 이 글을 쓰는 이유는 제가 그날의 트라우마에서 벗어나기 위함입니다. 그날의 기억을 더듬어 떠올리면서 나를 위로하고 다시 일상으로 돌아갈 수 있기 위해서 글을 썼습니다.

병에 걸린다는 것은 아주 남의 일인 줄 알았습니다. 주말 저녁, 우연히 TV 프로그램을 이것저것 찾아보다가 우연히 나온 〈사람이 좋다〉 같은 다큐멘터리에나 나오는 그런 슬픈 이야기인 줄 알았습니다. 저에게 그런 일이 일어날 것이라고는 단 한 순간도 생각해 본 적 없었습니다. 하지만 병은 예고 없이 다가왔으며 단 하루 만에 모든 것을 바꿔버렸습니다.

투병생활은 고통이고 실망의 연속이었습니다. 앞이 보이지 않는 깜깜한 터널 안에 있는 기분이었습니다. 땅바닥에 주저앉아 아이처럼 울어버리고 다 포기하고 싶은 순간들이 있었습니다. 그럼에도 가족이라는 뿌리는 저를 현실에 남아 있게 붙잡았고, 발아래만 보면서 한 발, 한 발 걸었습니다.

일상으로 돌아온 지금, 저와 남편은 조금 다른 사람이 되었습니다. 조심성이 많아지고 건강에 대해 자만하지 않습니다. 삶을 더 사랑하게 되었으며, 관심 있게 꽃과 나무를 바라보고, 작은 것에도 감사하게 되었습니다. 우리는 끊임없이 살아갑니다. 삶은 계속됩니다. 이 글은 나를 위한 글이며, 삶이 무료하게 느껴지는 당신을 위한 글이며 지금 고통을 겪고 있는 당신을 위한 위로의 글입니다.

목차

들어가며

첫 번째, 아내의 이야기

결혼 5개월, 남편이 쓰러졌다

15	프롤로그: 첫 만남
20	신혼의 어느 날, 남편이 이상하다
24	남편이 쓰러졌다
27	새벽 5시, 119가 출동하다
30	출동한 119, 가지 않겠다는 남편
34	열 39.8도, 생사의 고비
37	혼수상태에 빠진 남편
42	오늘 퇴원할 줄 알았는데, 장애라니요
46	하루에 두 번 구급차 타기
50	두 번째 응급실
52	긴 밤

입원생활 시작, 사무관에서 보호자로

- 57 내가 아는 사람이랑 닮았네요
- 60 올라오지 말라니까
- 64 로또 당첨이 아닌 희귀병 당첨
- 70 어느새 익숙해진 입원생활
- 72 보이스피싱 위기
- 75 저 휴직합니다
- 84 나 혼자 혼인신고
- 88 보호자의 하루
- 94 병실 쇼핑
- 100 기억상실에 걸렸습니다
- 103 우리 이사 가자

퇴원 후 회복하기

- 108 자발적 시댁 생활
- 115 친구 좀 못 만나게 했다고 이혼이요?
- 119 플라토닉은 없어
- 126 매일 조금씩 회복하기
- 129 나는 당신의 대장금
- 132 자전거, 거의 완벽한 이동 수단

아프고 나서 달라진 것들

- 136   같은 사람인 듯, 다른 사람인 듯
- 144   나는 요리왕
- 151   냄새를 맡을 수 없다
- 154   꽃이 예뻐서 그래
- 159   월급이 0원이 되면
- 164   매일 더 좋아하고 있습니다
- 166   친정과 시댁
- 168   복직 준비하기, 내 삶 찾아가기
- 173   복직 후 각자의 자리로 돌아가기

따뜻한 위로가 되어준 사람들

- 177   헤르페스뇌염으로 죽음의 문턱에서 돌아온 사람, H
- 181   영화〈브레인 온 파이어〉
- 184   가족, 친구
- 190   회사 동료들
- 193   자가면역뇌염 밴드와 네이버 카페

병의 예방과 회복

- 197   헤르페스뇌염에 대해 알아보기
- 206   헤르페스뇌염에 걸리지 않으려면

두 번째, 남편의 이야기

결혼이라는 것

211   첫 만남 그리고 결심

핑계는 중독을 낳고

215   그냥 심심하니까 하는 거야
218   조금씩 전조증상은 시작되고

내가 사라졌다

222   헤르페스뇌염, 그리고 낮은 생존률
226   고비를 넘기다
229   내가 사라졌다

회복

233   퇴원 그리고 희망
236   에필로그: 그리고 다시 일상

첫 번째,
아내의 이야기

결혼 5개월,
남편이 쓰러졌다

프롤로그: 첫 만남

"선배, 오랜만이에요."

2012년 가을이었다. 그를 다시 만난 건 3년 만이었다. 186cm의 키에 건장한 체격, 웃는 모습이 귀여운 후배였다. 그 후배는 입학 때부터 '훈남'으로 소문났었다. 신입생 때는 응원전, 과 MT 등 초반에는 과 활동을 열심히 하는가 싶더니 어느 순간부터 보이질 않았다. 학생회장 입장에서 행사를 통해 종종 만날 때마다 반가웠는데 내심 아쉬웠다. 그렇게 시간이 지났고 그 후배에 대한 기억이 가물가물해지던 무렵, 우연히 3년 만에 만나게 된 것이었다.

원래는 만나지 못할 모임이었다. 학번별로 담당 지도교수님이 정해져 있었고 원래는 윤 교수님이었는데, 윤 교수님이 안식년을 떠나게 되면서 김 교수님으로 바뀌게 된 것이었다. 김 교수님은 1~4

학년 지도학생 모임을 학년별로 네 번이나 하는 것은 다소 소모적이라고 느끼셨는지 전체 학년을 한 번에 부르는 파격을 보여주셨다. 그렇게 우리는 김 모 교수님의 전 학년 지도교수 모임에서 저녁을 먹게 되었다. 2012년 11월 말, 안식년과 지도교수 변경, 파격의 나비효과 끝에 우리는 10명이 안 되는 모임에서 다시 만났다.

센스 있는 교수님은 저녁과 커피를 사주시고 떠나버렸다. 저녁 8시밖에 안 됐고, 해산하기에 뭔가 아쉬웠던 6명은 술을 마시러 갔다. 물론 가장 고참인 나와 내 동기가 쏘는 걸로. 그날의 술자리는 즐거웠다. 총액이 10만 원이 넘었는데 그중 안주는 고작 4만 원 남짓이었고 나머지는 소줏값이었다. 소주는 한 병에 3,000원이었는데. 얼큰해진 우리는 기분 좋게 파했다.

하지만 끝이 아닌 시작이었다. 술자리가 마무리되고 각자 집을 찾아서 떠나는데 이상하게 그 귀여운 후배가 자꾸 나를 데려다준다는 것이었다. 거절할 이유가 없었다. 기분이 좋았다. 술 때문인지, 적당히 시원한 11월의 가을바람 때문인지, 어슴푸레한 가을밤 가로등 불빛이 노란색이었기 때문인지. 술집에서 안암 오거리의 어두컴컴한 골목을 지났다. 그 정도면 이제 나 혼자 가도 되었다. 그런데 후배가 자꾸 더 데려다준다는 것이었다. 자기 집 가는 방향이라고. 이쯤 되니 '어라? 얘 좀 봐라.' 싶었다. 나는 이 동네에서 자취 4년 차였다. 우리 집 주변에 누가 사는지는 서로 훤하게 꿰고 있었는데 이 친구 이야기는 들어본 적이 없었다. 그런데 갑자기 술 먹고 데려다주면서 집이 이쪽 방향이라니. 그냥 데려다주는 것만은 아닌 것이 분명했다. 나도 후배가 싫지 않았기에 '정말 여기 근처 산다고?' 하면서 모른척하고 우리 집 방향으로 같이 걸었다. 술집에서부터 고작 10분 같이 걸었을 뿐인데 대화가 참 잘 통했다. 그렇게 우리 자취방 건물 앞까지 왔다.

"우리 집은 여기야."
"이 건물이요? 진짜로요? 저는 바로 앞 저기예요."

후배가 손가락으로 힘차게 가리킨 건물은 우리 집에서 대각선 방향에 바로 보이는 원룸 건물이었다. 우리 집에서 걸어가면 딱 10초 걸릴 거리였다. 그 후배는 진짜 우리 집 근처에 살고 있었던 것이다. 그런데 어떻게? 어떻게 4년 동안 단 한 번도 마주치지 못했을까? 이 동네는 고려대 이공대 후문이랑 아주 가까웠고, 학교로 가는 길은 딱 하나밖에 없어서 길에서 마주칠 수밖에 없다. 실제로 옆 건물 204호에는 소언이가, 그 옆 건물 402호에는 승영이가, 501호에는 은결 언니가 살고 있었다. 즉 우리 과 누가 여기에 산다고 했을 때 모르기가 어려운 구조였다.

그런데 3년 만에 나타난 이 친구가 자기도 여기 산다고 주장하는 것이었다. 지도교수님이 바뀌었고, 그 교수님이 전 학년을 한 번에 모았고 알고 보니 이웃 주민이었던 후배와 나는 우연에 우연이 겹쳐 졸업을 몇 달 앞두고 그렇게 만났다. 스물넷, 스물다섯이었다.

우리는 곧 연인이 되었고, 나의 행정고시 합격, 그의 치의학 전문대학원 수험생활, 나의 연수원 생활과 중앙부처 입부, 그의 치과의사 국가고시 합격 등 20대 중후반의 격동의 시기를 같이 보냈다. 서울과 세종의 장거리 연애 3년을 포함해서 7년간 치열하게 만났다. 2019년 햇살이 좋던 가을, 우리는 결혼했다.

결혼식은 역삼동에 있는 상록아트홀에서 했다. 400명이 넘는 분들이 축하해 주러 오셨다. 분주했지만 기분은 좋았고, 우리는 인생에서 가장 큰 행사를 치러냈다는 생각에 더없이 후련하고 행복했다. 긴 휴가를 받아 모두의 축복을 받으며 10박 12일간 유럽으로 신혼여행을 다녀왔다. 내 직장과 가까운 세종시 도담동에서 달콤한 신혼의 첫 겨울을 보내고 있었다.

남편은 키 186cm, 몸무게 83kg의 건장한 체격에 야구, 골프를 즐기는 건강한 사람이었다. 1년에 한두 번 걸리는 감기 말고는 특별히 아픈 곳도 없었다. 그 당시 나는 5급 사무관으로 일한 지 7년 차로 슬슬 4급 서기관 승진을 준비할 시기였다. 남편은 치과의사 면허를 따고 2년 후에는 본인 병원을 열 생각을 하며 공중보건의사로 일하고 있었다.

우리는 매일 퇴근 후 집에서 저녁을 먹거나 나가서 외식을 했다. 주중 저녁은 보통 함께 먹었다. 밥을 먹은 후 나는 주로 운동을 다녀오거나 빵을 구우며 취미생활을 했고, 남편은 주로 컴퓨터 게임을 했다. 주말이면 근교로 나들이를 가거나, 남편은 서울에서 지인을 만나며 지냈다.

평범하다고 착각하며 일상을 보내던 와중, 남편은 세종시 생활이 심심하다며 게임을 했다. 조금 많이. 모든 붕괴는 작은 균열에서 시작된다. 그 균열을 애써 무시할 뿐.

겉으로 보기엔 딱히 아쉬울 것 없는 안정적인 삶이었다. 둘 다 아기를 좋아해서 언젠가는 아이를 낳고 싶었다. 이렇게 신혼을 즐기다가 2년쯤 후에 임신을 시도할 계획이었다. 우리의 삶은 잘 관리된 아이스링크 위처럼 매끄럽게 흘러가고 있었으며 앞날은 탄탄대로 같아 보였다.

그 일이 있기 전까지는, 우리의 삶은 꽤나 괜찮았다.

신혼의 어느 날,
남편이 이상하다

그날은 유난히도 추운 1월의 마지막 날이었다. 결혼한 지 5개월 째였다.

쓰러지기 일주일 전부터, 남편은 감기 기운이 있었다. 열이 났고, 잠이 많아졌다. 1년에 한두 차례 감기에 걸리기에 그냥 그렇게 넘어가는 연례행사인 줄 알았다. 평소에 2인분씩 먹던 남편은 평소의 $\frac{1}{4}$로 식사량이 줄었고, 코로나에 과민반응 했다. 남편은 고열에 시달려 집 앞의 이비인후과를 두 번 갔고 독감은 아니었기에 일반 감기약을 처방받아서 먹었다.

열이 난 지 꼬박 일주일이 다 되도록 열은 내리지 않았다. 남편은 퇴근하자마자 저녁 8시부터 잠들어서 다음 날 8시까지 매일 잤다. 그렇게 좋아하던 게임도 간신히 잠결에 깨서 5분씩 하고는 다시 잤다. 처방받은 감기약이 독해서 그런 줄 알았다. 이번 감기는 꽤나 유난스럽게도 지나간다고 생각했다.

그런데 남편이 헛소리를 하기 시작했다. 2020년 1월이었고, 코로나바이러스 감염증 초기여서 우리나라 전체 확진자가 30명도 되지 않을 때였다. 남편은 나와 시댁 식구들 모두가 서해안의 섬으로 피난을 가야 한다고 했다. 그것도 당장. 지금 전염병이 심각하기 때문에 통조림을 잔뜩 싸 가서 땅속에 깊이 묻어놓아야 한다고 했다. 코로나가 지나갈 때까지 그곳에 머물러야 한다고 주장했다. 농담이라고 하기에는 진지한 얼굴이었고, 진지하게 들어주기에는 얼토당토않은 소리였다. "그럼 당장 내일부터 출근은 어떻게 할 건데?"라고 대꾸를 하려다가 그냥 웃고 넘어갔다.

알고 보니 병의 전형적인 전조증상 중 하나였다. 헛소리, 망상증이었다.

잠든 남편은 항상 열이 펄펄 끓었다. 아이를 키우는 집이 아니어서 우리는 체온계가 없었고, 나는 그저 손으로 남편의 이마를 만져볼 뿐이었다.
침대 옆 테이블 위에 스테인리스 볼에 물을 가득 채워 넣고 밤새 수건을 적셔서 계속 남편의 이마와 목을 닦아주었다. 열이 조금 떨어지면 그제야 나도 잠이 들었다. 열이 나는 사람에게 내가 할 수 있는 것은 물수건밖에 없었다. 자고 일어나면 열이 조금이라도 떨어지기를 바라면서 계속 얼굴을 닦아주었다. 고열은 병의 또 다른 특징 중 하나였다. 나는 그저 감기인 줄 알았다.

그날은 목요일이었다.

남편은 아직도 열이 많이 났고 나는 퇴근하고 집에 와서 죽을 끓였다. 남편은 겨우 죽 세 숟가락을 먹었다. 남편은 원래 쌀밥을 한 공기 반씩 먹을 정도로 먹성이 좋은 사람이다. 그런데 죽을 겨우 세 숟가락 먹는 것이었다. 죽 세 숟가락은 밥은 겨우 한 숟가락도 될까 말까 하는 양이었다.

"나 배불러."
"그거 죽이라 밥 양은 얼마 안 돼. 겨우 세 숟가락 먹은 거 아니야? 좀 더 먹어."
"나 배부르다니까? 자러 갈래. 졸려."

남편은 툴툴거리며 병든 닭마냥 침대로 기어들어가 저녁 8시부터 계속 잤다. 보통은 퇴근하고 게임하다가 새벽이 되어야 겨우 잠드는 남편이었다. 하지만 최근에 감기에 걸린 이후로는 저녁을 먹음과 동시에 방으로 들어가서는 다음 날까지 잤다. 잠에 취해 있는 사람 같았다. 중간중간 확인해 보니 머리는 계속 뜨거웠고 남편은 약을 먹었으니 괜찮을 거라며 계속 자겠다고 했다. 이상하리만큼 많이 잤다. 잠을 아주 많이 자는 것 또한 병의 전조증상이었다.

나는 혼자 거실에서 TV를 보다가 11시쯤 자러 들어갔다. 남편은 잠깐 눈을 떠서 핸드폰을 확인하는가 싶더니 다시 잠들었다.

그렇게 목요일 밤이 지나갔다. 우리의 평범한 날들 중 마지막 날이었다.

남편이 쓰러졌다

금요일이었다. 평소라면 아침 7시 30분 핸드폰 알람 소리에 눈을 떴어야 했다.

샤워를 하고 8시 20분이면 출근을 했어야 했다.

하지만 그날은 아니었다.

꿈을 꿨는지는 기억이 나질 않는다. 그저 남편이 요즘 아프다는 생각에 잠을 설쳤는지도 모르겠다.

칠흑같이 어두운 새벽 4시였다. 나는 자다가 '끅… 끅끅…' 이런 소리가 어렴풋이 들려서 설핏 깼다. 무슨 소린가 싶어 누워 있는 상태로 고개만 오른쪽으로 돌려 남편을 확인했다. 자다 깬 눈꺼풀이 무거웠지만 겨우 눈을 떴다. 캄캄한 방 안에서 남편이 깨어 있는 것 같았다. 뭔가 이상했다.

안 떠지는 눈을 억지로 부릅떴다. 남편의 형체가 시야에 들어오기 시작했다.

남편은 옆자리에 반듯하게 누워 있었다. 두 손을 'X' 자로 포개서 가슴 위에 올려놓고 딸꾹질하듯이 '끅… 끅… 끅…' 주기적으로 떨고 있었다.

상체가 경련하며 발작적으로 흔들렸다.

나는 순간 남편이 장난치는 줄 알았다. 그런데 다시 자세히 보니 남편이 눈을 뜨고 있는 것이었다. 캄캄한 방 안, 새벽 4시, 남편이 눈을 뜨고 천장을 바라보며 경련하고 있었다.

나는 잠이 싹 달아났다. 온몸에 닭살이 돋았다. 소름이 끼쳤다. 미친 듯이 남편을 흔들었다.

"자기야, 왜 그래? 자기야, 자기야???!!!"

대답이 없었다.

나는 튕기듯 침대에서 일어나 불을 켰다. 캄캄한 방에 '팟' 하면서 형광등이 켜지고 나는 어둠에 익숙해진 눈이 눈부신 빛에 적응할 겨를도 없이 침대 위로 시선을 고정했다. 남편은 눈을 뜬 채로 경련하고 있었고, 내 말은 아예 안 들리는 것 같았다. 남편의 눈앞에서 아무리 손을 흔들고 소리를 질러도 반응하지 않았다. 몸은 침대에 있지만 의식이 다른 곳에 가 있는 사람 같았다. 그것도 아주 먼 곳에.

순간적으로 엄청난 공포와 두려움이 몰아닥쳤다. 이러다 어떻게 되는 게 아닌가 싶었다. 그리고 비현실적이었다. 아주 많이. 119, 우선 119를 불러야겠다고 생각했다. 기절할 것 같은 기분으로 핸드폰을 찾았다. 숨이 넘어갈 것 같았다. 의식적으로 심호흡을 했다. 나까지 기절하면 안 되었다. 이 상황이 대체 뭐든, 어떻게 되고 있는 것이든, 나는 도움이 필요했다. 손이 덜덜 떨리고 심장박동이 미친 듯이 빨라졌다. 시간은 새벽 4시 10분이었다. 그렇게 인생 처음으로 119를 불렀다.

새벽 5시,
119가 출동하다

나는 119에 전화하면 ARS 같은 기계음이 먼저 나올 줄 알았는데 바로 통화가 연결되었다. 새벽 4시였음에도 그 와중에 감사하다는 생각을 잠깐 했다. 이렇게 숨넘어가는 상황에서 '안녕하세요? 신고는 1번, 불편문의는 2번…' 이런 식으로 기계음이 나왔더라면 화가 머리끝까지 났을 것이다. 다행히 두세 번의 신호가 가자마자 "여보세요." 하는 사람의 목소리가 들렸다. 손이 덜덜 떨렸다. 숨도 잘 쉬어지지 않았고, 말도 제대로 나오지 않았다.

"여보세요."
"아… 네… 저… 저… 그… 제 남편… 남편이요… 숨을 안 쉬는 거 같은데요, 어떡하죠? 저 어떡하죠…"
"네, 주소가 어떻게 되시죠?"

전화를 받은 새벽 4시의 119 구급대원은 아무 일도 아니라는 듯 침착했다. 마치 환불접수를 받는 쇼핑몰의 직원처럼 무감정했다. 처음 몇 마디는 하도 말을 더듬어서 말하는 것조차 너무 어렵게 느껴졌다. 잘 쉬어지지 않는 호흡을 가다듬었다. 아무 일도 아니라는 듯 무심하게 접수하는 119 담당 직원 덕분에 신기하게도 나도 덩달아 침착해졌다. 떨리는 목소리로 우리 집 주소를 부르고 통화를 끊었다. 다시 남편을 흔들어 보았다.

남편은 더 이상 가슴이 위로 흔들리는 경련은 하지 않았고, 이제는 옆으로 돌아누워서 가만히 있었다. 눈은 뜬 상태로. 내 말은 여전히 안 들리는 것 같았다. 무서웠다.

내가 다시 남편의 어깨를 흔들면서 "자기야, 자기야… 자기야." 계속 불렀다. 너무 놀라면 눈물도 나지 않는다더니 딱 그런 상황이었다. 이쯤에서 제발 그만했으면 했다. 이게 뭐든지 간에, 장난이었다고 웃으며 깼으면 했다. 하지만 상황은 더 안 좋아지기 시작했다. 남편이 입에 거품을 물면서 강하게 발작하기 시작했다. 내가 까무러칠 것 같았다. 차라리 기절하고 싶었다. 살면서 눈앞에서 경련을 본 것은 처음이었다.

어제까지만 해도 감기 기운에 헤롱거리긴 해도 웃고 이야기하던 남편이었다. 그런데 갑자기 의식불명이 되어 눈앞에서 경련을 하고 있었다. 슬로우모션 또는 영화의 한 장면 같았다. 내가 보고 있었지만 믿기질 않았다. 이질감이 느껴졌다. 몸 전체가 덜덜 떨리더니 입에서 반투명한 거품이 흘러나왔다. 내가 남편의 고개를 옆으로 돌렸는지는 기억이 나질 않는다. '사람의 입에서 거품이 나오면 이런 모습이구나, 갑자기 저 거품은 다 어디서 나온 걸까?' 하는 생각이 들었다. 현실성이 없었다.

지금은 새벽 4시였고, 이 집에는 우리 둘뿐이었다. 자다가 깬 묵직한 공기, 졸음이 내려앉은 방 안이었다. 조금 전까지 꾸던 꿈도 기억할 수 있을 만큼, 잠에서 깬 지 얼마 안 되는 그런 시간이었다. 이건 현실이 아니다. 꿈이었으면 했다. 아주 지독한 악몽이었으면 했다.

남편은 그렇게 거품을 무는 강한 발작을 10초 정도 하더니 멈추었다. 조금씩 눈동자를 움직였다. 나는 침대 머리맡에 앉아 간신히 정신을 부여잡고 있었다. 그는 천천히 잠에서 깨어나는 사람 같았다. 말은 여전히 하지 않는다. 그러더니 손을 움직여 침대 옆에서 뭘 찾는 것 같다. 무의식중에 핸드폰을 찾나 보다 싶어 핸드폰을 그의 손에 들려주었다.

남편은 아무 말 없이 핸드폰을 열어서 카메라를 켰다. 셀카 모드로 돌리더니 자기 얼굴을 동영상으로 찍는다. 이게 대체 무슨 상황인가 싶었다. 나는 침대 옆에 쭈그리고 앉아 있었고 숨이 멎을 것 같았다.
그렇게 남편은 10초 정도 자기 얼굴을 동영상으로 찍더니 핸드폰을 끈다. 그리고 다시 누워 눈동자만 굴린다.

출동한 119,
가지 않겠다는 남편

신고를 했지만 얼마 만에 온다는 말은 없었다. 나는 일단 병원으로 가겠구나 싶어 옷을 먼저 챙겼다. 잠옷 그대로 양말을 신고, 남편의 양말을 신겼는지는 기억이 잘 나질 않는다. 아주 추운 겨울이었기에 패딩을 찾아서 입고 남편의 패딩도 꺼냈다. 내 패딩 주머니에 내 지갑과 남편의 핸드폰, 지갑 등을 찾아 다급하게 쑤셔 넣었다.

'딩동'

119 구급대원이 왔다. 신고하고 약 20분 만이었다. 구급대원은 젊은 남자 두 분이었다. 구급대원들은 침대에 누워 있는 남편에게 말을 걸기 시작했다.

"선생님, 선생님. 일어나세요."

남편은 말없이 눈동자만 굴리다가 드디어 조금씩 입을 열어서 말하기 시작했다.

"아… 저… 괜… 괜찮아요. 저 괜찮아요. 가세요. 저 좀 쉴게요."

그러더니 반대로 돌아눕는다. 남편은 움직일 생각이 없다. 구급대원들은 계속 남편에게 말을 걸어도 답이 없자 대수롭지 않게 나에게 말했다.

"전형적인 간질 증상이에요. 시간이 지나면 되돌아올 거예요. 평소에 드시던 약 없으세요?"

나는 이게 대체 무슨 말인가 했다. 순간 속으로 욕이 튀어나왔다. 이 사람들이 입을 열어서 말을 하는데 무슨 소리를 하는 건가 싶었다. 간질이라니, 평소에 먹던 약이라니 말이 되지 않았다. 남편은 지병이 있는 사람이 아니었다. 당장 병원으로 가도 모자라는데 무슨 말을 하는 건가 싶었다.

나와 구급대원들은 여러 번 남편을 흔들어 깨우며 나가자고 말했지만 남편은 시간이 갈수록 짜증을 내며 강하게 반항했다.

"아니 좀 가세요. 가시라구요. 저 좀 쉬면 되니까 좀 가세요."

구급대원들은 혹시 최근에 남편이 간질을 앓은 적이 있냐고 물었고, 내가 알기로는 지난 7년간은 단 한 번도 없었으며, 새벽이지만 혹시 모르니 시어머님께 전화를 드려보겠다고 했다. 시어머님은 자고 계셨겠지만 어쩔 수 없었다. 받지 않으실 수도 있었다. 일단 전화를 드려보기로 했다.

통화음이 다섯 번 정도 울렸고, 다행히 어머님은 자다 깬 목소리로 전화를 받으셨다.

"경은이니? 그래 무슨 일이니?"

"어머니, 어머니… 남편이 자다가 발작을 해서 119가 지금 집에 와 있어요. 혹시 어렸을 때 간질을 앓은 적이 있나요?"

"아니? 한 번도 그런 적 없는데? 지금 대체 무슨 일이니?"

남편은 어릴 때 간질을 앓았던 적이 없었다. 어머님도 거의 기절 직전이셨다.

문제는 그가 119를 따라서 집 밖으로 나가려고 하지 않는 상황이었다.

다른 대화는 아예 불가능했고, 남편은 나가지 않겠다는 말만 앵무새처럼 반복하며 고집을 부렸다.

나는 덜덜 떨리는 손으로 핸드폰을 남편의 귀에 갖다 대었고, 나와 어머님은 울부짖었다.

"자기야 제발, 지금 안 나가면 큰일 나. 제발 한 번만… 제발!!"

"너 엄마 죽는 꼴 보고 싶어? 당장 나가, 당장 나가라고. 너 지금 그러다 큰일 나. 엄마 부탁이야. 제발 일어나!!!"

열 39.8도, 생사의 고비

119가 출동했는데도 한참 실랑이를 했다. 제정신이 아닌 남편은 "나가지 않겠다.", 119 구급대원들은 "본인이 거부하면 데려갈 수 없다."의 입장차이를 고수하고 있었다. 그 가운데서 속이 타들어 가는 것은 나뿐이었다. 그러다 갑자기 119 구급대원 한 분이 "그럼 열을 한번 재볼까요?" 하며 체온계를 남편의 이마에 갖다 댔다. 지금 생각해 보면, 그분이 만약 그때 열을 안 쟀고, 그대로 출동한 구급대원은 돌아가고 우리도 병원에 가지 않았다면 어떻게 됐을지 정말 끔찍하다. 나는 최근에 감기로 열이 좀 났으니, 37~38도쯤 나오겠거니 했다. 하지만 측정된 숫자는 생각보다 훨씬 높았다. 살면서 처음 보는 체온계 온도였다.

'39.8'

갑자기 공기의 흐름이 변했다. 단순한 간질로 알고 있던 119 대원분들의 표정이 심각해졌다. 술에 취한 사람한테 여기서 주무시면 안 된다고 하던 나른하던 공기가 갑자기 시한폭탄을 눈앞에 둔 것 같아졌다. 119 대원분들의 목소리 톤이 올라갔고 다급해졌다. 분주하게 남편을 강하게 흔들어 깨우기 시작했다.

"선생님, 지금 심각합니다. 당장 나가셔야 해요, 선생님, 선생님!!"

우리 몸의 단백질은 40도가 넘어가면 고온에 의해 변성되기 시작한다. 남편은 39.8도였다. 심각했다. 잘못돼도 뭔가 제대로 잘못되고 있었던 것이다. 정확하게 어떤 계기로 남편이 일어났는지는 기억이 잘 나질 않는다. 나와 어머님은 계속 울부짖었고, 119 구급대원분들은 남편이 뭐라고 하든지 간에 더 이상 말로 해서는 안 된다고 판단했는지 들것을 가져와서 침대 위에 올렸다. 반항하는 남편을 달래며 억지로 남편을 굴려서 들것 위로 올렸다. 남편도 힘이 빠졌는지 처음처럼 강하게 반항하지는 않았다.

그렇게 남편은 눈을 뜬 채로 들것에 실려서 현관문 밖에 있던 이동식 베드에 눕혀졌다. 남편은 그 와중에 자꾸 일어나려고 했고, 나는 계속 남편의 이마를 누르면서 진정시켰다.

겨울이라 밖이 많이 추울까 봐 남편 몸에 패딩을 덮어놓은 채로 아파트 1층으로 내려왔다. 남편은 극세사 수면바지, 잠옷 윗도리,

그리고 패딩을 이불처럼 덮은 채 실려 나왔다. 우리가 매일 드나들던 아파트 출입구 앞에 119 구급차가 서 있었다. 들것은 그 상태로 구급차 뒷좌석에 미끄러지듯 들어갔고, 나는 남편의 옆에 탔다. 구급대원분들은 앞자리에 타셨던 것 같다.

남편은 이제 눈을 감고 있었다. 손은 가지런히 모아서 배 위에 올려놓은 상태로. 그렇게 구급차는 출발했다. 그런데 어느 병원으로 가는 거지? 나는 어디선가 주워들은 것이 있어서 구급대원분들한테 여쭤봤다.

"저희는 어디로 가나요? 세종시에도 응급실이 있나요?"
"세종에는 없어요. 충북대병원으로 갑니다."

지금이야 충남대병원이 개원했을지는 몰라도, 남편이 쓰러졌던 2020년 1월에만 해도 세종시에는 24시간 응급실이 하나도 없었다. 그렇게 충북대병원이 있는 청주를 향해 30분을 달려갔다. 아직 해가 뜨지도 않은 새벽 5시였다. 밖은 짙푸른 색으로 캄캄했다.

앞으로 어떤 일이 펼쳐질지 그때는 알지 못했다.

혼수상태에 빠진 남편

119 구급차로 30분을 달려 충북대병원 응급실에 도착했다. 새벽 5시 30분이었다. 구급대원은 응급실 앞에 구급차를 세우고 침착하게 들것을 내렸다. 1월의 겨울 날씨는 매서웠다. 다행히 대기 없이 바로 들어갈 수 있었다. 남편은 눈을 감고 얌전히 누워 있었고, 응급실로 천천히 들어갔다.

캄캄한 밤을 지나 안으로 들어가니 새하얀 세상이었다. 형광등 불빛이 빼곡하게 어둠을 밀어내고 있었다. 영화나 드라마에서처럼 119 대원이 들것을 밀면서 뛰어가면 의사들 몇 명이 달라붙어서 다급하게 뛰어가는 것 따위는 현실에는 없었다. 밤을 새워 피곤에 찌든 의료진들이 두세 명씩 모여 있었고 초점 없는 눈으로 우리를 물끄러미 쳐다보고 있었다. 모든 게 슬로우모션처럼 보였다. 아주 느린 흑백 영화 같기도 했다. 적당한 속도로 밀고 가는 침착한 2

명의 구급대원, 덜거덕거리는 이동식 들것의 소리, 그 옆을 따라가는 기절 직전의 나, 얼마나 응급환자인지 파악하려는 의료진들의 소름 끼치도록 조용한 시선.

우리는 응급실 안쪽으로 배정을 받았다. A-2 구역이었던 것 같다. 제일 먼저 가운을 입은 남자 의사 한 분이 오셨다. 남편에게 말을 건네지만 남편은 대답이 없다.

"환자분 성함이 어떻게 되세요?"
"…"
"지금 여기가 어디인지 아세요?"
"…"

남편은 눈만 껌뻑거리면서 '이걸 나한테 왜 묻지? 여기가 어디지?' 하는 표정이다. 내 복장이 터진다. 금방이라도 기절할 것만 같았다. 어제까지만 해도 치과의사로 환자들을 치료하던 사람이 대체 왜 이러는지 미칠 지경이었다.

간호사분들은 일단 환자복으로 갈아입어야 한다고 했다. 누워서 아무 말 없이 눈만 멀뚱거리는 남편의 옷을 갈아입힌다. 마치 눈을 뜨고 꿈을 꾸는 사람 같았다. 계속해서 남편에게 말을 걸었다. 하지만 남편은 다 귀찮다는 듯 대꾸가 없고 눈을 감았다가 뜨기를 반복한다. 그 무렵 서울에 사는 시아버님, 시어머님이 도착하셨다. 새벽

4시에 자다가 내 전화를 받자마자 서울에서 1시간 30분을 운전해서 청주에 있는 충북대병원으로 오신 것이다. 나는 더없이 안도했지만 눈물은 나지 않았다. 울 시간이 없었다. 드디어 지원군이 왔다는 생각뿐이었다. 이 끔찍한 상황을 더 이상 나 혼자 견뎌내지 않아도 된다는 생각에 울컥할 뿐이었다.

의료진이 와서 체온과 맥박을 재고 주삿바늘을 꽂았다. 해열제와 수액 등을 놔주셨던 것 같다. 코로나 때문인지 응급실은 원래 그런 건지 환자 한 명당 보호자 한 명씩만 들어올 수 있다고 했다. 우리는 보호자 출입증을 발급받았고, 아버님, 나 어머님이 차례대로 돌아가면서 남편의 옆에 있었다. 그 외에는 응급실 앞 대기 의자에 앉아 있었다. 새벽이라 대기실에는 사람이 거의 없었다. 싸늘하고 적막했다.

의료진은 빨리 MRI를 찍어야 한다고 했다. 남편은 들것에 실려 MRI실로 가다가 시부모님을 발견하더니 "걱정하지 마, 다녀올게."라는 멀쩡한 소리를 했다고 들었다. 시어머님한테는 "엄마가 어떻게 왔어, 나 괜찮아."라는 말을 반복했다고 했다. 그 말을 듣고 우리는 안도했다. 돌아오고 있구나.

시간은 아침 7시 30분쯤 된 것 같았다. 캄캄한 밤을 지나 어스름한 아침이 온 것이다. 그 순간 문득 생각이 들었다. 오늘은 금요일이었고 1시간 후면 정상적으로 출근을 해야 하는 평일이었다. 회사에 전화를 해야 한다. 과장님께 전화를 드려서 지금 남편이 쓰러져서 응급실이고, 출근이 어려울 것 같다고 양해를 구했다. 과장님은 이게 무슨 소린가 하시면서도 걱정해 주셨고, 감사하게도 회사는 신경 쓰지 말고 남편을 잘 챙기라는 말씀을 해주셨다. 이때만 해도 오늘만 연가를 쓰고 월요일부터는 정상 출근 할 줄 알았다.

1시간쯤 지났을까, 남편이 다시 나왔다. 무의식중에 자꾸 움직여서 MRI 촬영에 실패했다는 것이다. 또다시 1시간쯤 지났을까, 이번에는 CT를 찍어보겠다고 한다.

10시가 좀 넘었을까, 남편은 CT를 찍고 나왔다. 남편은 정신이 들어왔다가 나가기를 반복했다. 응급실에 누워 있는 남편이 약간 정신이 들자, 내가 "자기야 좀 정신이 들어? 나 누구야?"라고 묻자 피식 웃으면서 "경은이."라고 말하는 게 아닌가. 그제야 안도감에 주체할 수 없이 눈물이 나왔다. 6시간 만이었다. 오늘 새벽 4시에 발작한 이후로 남편이 나를 알아본 것이. 나를 알아보는구나, 내가 누군지 아는구나. 눈물이 줄줄 흘렀다. 그런데 안도하기도 잠시, 남편은 다시 정신이 나간다. 아무리 불러도 반응이 없다.

11시 30분, 신경과 의사 선생님이 오셔서 요추천자를 하시겠다고 했다. 안경을 쓰고 긴 머리를 질끈 묶은 여자 선생님이셨다. 등에 주사기를 꽂아서 뇌척수액을 빼는 과정이라고 하셨다. 30분 정도 걸렸다. 의사 선생님께서는 "저희 남편도 얼마 전에 뇌수막염에 걸려서 응급실에 입원한 적이 있었어요. 일주일 고생했는데 금방 낫고 퇴원했어요. 환자분도 괜찮을 테니 너무 걱정하지 마세요."라고 하셨다. 응급실에 입원한 후 처음으로 진단 비슷한 것을 들은 순간이었고, 동시에 처음으로 들은 희망적인 말이었다. 마음이 놓였다. 해프닝이구나, 별것 아니었구나. 정말 다행이라고 생각했다.

오늘 퇴원할 줄 알았는데,
장애라니요

　시아버님, 시어머님께 의사 선생님이 해준 말을 들려드렸다. 뇌수막염일 수도 있고, 일주일쯤 지나면 괜찮아질 수도 있다고 말씀드리고 나니 그제야 정신이 좀 들었다. 응급실 앞 대기 의자에서 그렇게 한숨을 돌리고 있었다.

　그러다 1시간쯤 지났을까, 안경을 쓰고 단발머리를 한 의사 선생님이 뛰어다니는 것이 보였다. 뭐 급한 환자가 생겼나 보다 싶었는데 대기 의자에 앉아 있는 우리 쪽으로 뛰어오신다. "검사 결과가 다 나오진 않았지만 일단 선 조치를 하려고 합니다. 항바이러스제랑 항생제를 쓸 거예요." 랩하듯이 빠르게 말하시고는 어디론가 사라졌다. 어안이 벙벙했지만 우리가 할 수 있는 것은 없었기에 사라지는 의사 선생님의 등을 멍하게 바라보며 "네에…"라고 뒤늦은 대답을 했다.

오후 1시쯤 되었다. 아버님은 남편을 데리고 뇌파실에 갔고, 나와 어머님은 쉬고 있었다. 그런데 아버님이 전화를 하셨다.

"어 난데, 지금 교수님하고 뇌파실에 와 있는데 좀 와봐야 할 것 같아."

어머님이랑 같이 올라갔다. 나이가 있으신 남자 교수님이 계셨다.

"어 음… 환자가 젊고 해서… 빨리 말씀드려야 할 것 같아서요. 사실은 제가 지금 점심을 먹다가 CT를 확인하고 중간에 뛰어나왔습니다. 일단 설명을 좀 드릴게요. 환자는 지금 헤르페스뇌염으로 추정됩니다. CT상 보이는 염증 소견뿐 아니라 지금 환자분이 보이는 증상들 또한 전형적인 헤르페스뇌염의 증상들 중 하나입니다. 표준 치료법은 한 가지입니다. 항바이러스제를 2주 동안 맞는 것입니다."

여기까지 들었을 때는 '아 그렇구나, 병명이 나왔고 치료하면 되겠구나.' 싶었다. '그런데 왜 굳이 급하게 뛰어오셔서 설명을 하시지?'라고 안이하게 생각했다. 헤르페스뇌염이라는 것을 처음 들었기 때문에 이렇다 할 생각도 없었다. 생소했다. 마치 미오글로빈 척수염처럼. 긍정적이지도, 부정적이지도 않은 어감이었다.

오전에 다른 의사 선생님이 말씀하셨던 뇌수막염과 비슷한 건가 싶었다. 살면서 처음 들어보는 단어들이었지만 치료법이 있다고 하니 치료만 잘 받으면 다 낫는 건가 싶었다.

"다만, 치료는 하겠지만 예후가 좋은 병은 아닙니다. 치료를 하면 환자의 3분의 1은 지금보다 좋아지는데, 나머지 3분의 1은 기억장애, 안면마비, 간질발작 등 후유증을 동반하면서 회복이 되고, 나머지 3분의 1은 지금보다 악화됩니다."

문제는 이 부분이었다. 우리는 교수님의 설명을 들으면서도 귀를 의심했다. 내 머릿속에서 새로운 정보의 입력과 이해가 불일치했다. 단순한 뇌수막염 비슷한 것인 줄 알았고, 일주일 정도면 다 나을 거라고 생각했다. 긴장이 풀려 있었는데, 대체 무슨 소리인가 싶었다. 초점 없는 눈으로 의사 선생님의 움직이는 입을 바라보았다. 의사 선생님의 입은 마치 호두까기 인형 같았다. 턱관절이 기계적으로 위아래로 움직였다.

그러니까 정리해 보면, 확률상 30%만 병이 나을 수 있고 70%는 간질 발작, 시각장애 등을 가질 것이며 그중의 절반은 지금보다 악화된다는 소리였다. 지금보다 악화되는 건 뭐지? 말도 못 하고 사람도 못 알아보고 움직이지도 못하는데, 지금보다 악화된다고? 바로 어제까지만 해도 멀쩡했던 남편이었다. 잘 출근했고, 퇴근했고 그저 감기 기운으로 자고 있던 남편이었다. 갑자기 70%의 확률로 장애를 갖게 될 거라니.

어머님과 나는 뭔가가 단단히 잘못되고 있다는 것을 알았다. 하지만 동시에 방법이 없다는 사실도 빠르게 받아들였다. 확실한 것은 다음과 같았다.

1. 우리는 오늘 퇴원하지 못한다.
2. 이 투병은 길어질 것이었다.

우리는 장기전을 준비했다. 시댁과 가까운 서울 쪽 병원으로 전원 하기로 마음먹었다. 하루, 일주일 만에 끝날 병이 아닌 것이었다. 의사 선생님의 메시지는 분명했다. 당신들의 전쟁은 이제 막 시작한 것이라고.

하루에 두 번 구급차 타기

충북대병원 응급실에 서울로 전원 요청을 하고 구급차를 불렀다. 보호자의 희망에 따라 전원 하는 절차이기 때문에 사설 구급차를 불러야 한다고 했다. 나는 사설 구급차가 있다는 것도 그때 처음 알았다. 길에서 보이는 구급차는 모두 119인 줄로만 알았기 때문이다.

응급실 데스크에서 건네받은 명함에는 사설 구급차 업체의 전화번호가 있었다. 분홍색과 빨간색이 섞인 아주 평범한 명함이었다. 이질적인 장면이었다. 전화를 해서 몇 시까지 와달라는 말을 했고, 이 말을 해야 하나 말아야 하나 잠시 망설였지만 가격도 물어보았다. 생사를 오가는 순간에 구급차의 비용을 물어본다는 사실에 약간의 자괴감도 들었지만 그 순간에도 괜히 가격을 모르고 탔다가 나중에 바가지를 쓰는 것은 아닌가 하는 걱정까지 했으니. 그럴 정도의 여유가 있었다고 표현해야 할 지 모르겠다.

1시간쯤 지났을까, 사설 구급차가 도착했다. 운전해 주시는 분 한 분, 그리고 간호사 선생님이 한 분 오셨다. 구급차에는 보호자는 최대 2명까지만 탈 수 있었다. 나와 어머님이 구급차를 타고 가기로 했고 아버님은 차를 운전해서 서울대병원으로 오시기로 했다.

나는 앞자리 조수석에 탔고, 어머님은 남편 옆에 간호사 선생님과 같이 탔다. 구급차 앞자리에 타니 핸드폰을 충전하는 잭도 여러 종류 꽂혀 있었다. 아침 4시부터 나왔으니 핸드폰 배터리도 부족했다. 충전을 하고 싶었는데 그나마도 맞는 잭이 없어서 충전을 못했다. 핸드폰 배터리는 30%도 남지 않았다. 방전된 내 체력과 같다고 생각했다. 내 체력도 지금 30%나 남았을까.

구급차는 금요일 오후 경부고속도로를 따라 서울로 달렸다. 사이렌을 울리고 달리면 90% 이상의 운전자들은 차선을 양보해 준다. 구급차는 뒷자리와 앞자리 사이에 플라스틱으로 된 칸막이가 있고 창문처럼 여닫을 수 있도록 되어 있다. 출발한 지 1시간쯤 지났을까, 갑자기 칸막이가 확 열린다. 간호사 선생님이다.

"쌤, 더 빨리 갈 수 있어요? 환자분이 열나기 시작했어요."

피가 바짝바짝 말랐다. 나는 뒷자리의 상황을 볼 수 없어서 더 답답했다. 핸드폰을 켜고 어머님께 카톡을 보냈다.

'어머님, 지금 체온 몇 도예요?'
'37.7'
'해열제 먹을 수 없을까요? 오전에 해열제 주사 놨던 것 같은데.'
'차에서는 안 놔준대.'

어머님은 남편 챙기랴 내 카톡에 답장하랴 정신이 없으셨을 것 같다. 하지만 나는 나대로 초조했다. 차에서 열이 오르면 다시 경련할 가능성이 높다고 생각해서였다. 불안했다. 간호사 선생님은 구급차 안에서는 해열제를 놓을 수 없다고 하셨다. 한시라도 빨리 서울대병원으로 가야 했다.

구급차는 속도를 더 냈다. 경부고속도로 서울 톨게이트에 거의 다 왔을 때였다. 흰색 승용차가 우리 앞에서 비켜주지 않는 것이었다. 우리는 사이렌을 울리고 따라갔다. 몇 초가 지나도 차선을 변경하지 않는다. 이번에는 경적을 크게 울렸다. 꼼짝도 하지 않는다. 흰색 차에 대한 분노와 원망이 솟아올랐다. 지금 한시가 급한데, 왜 비켜주지 않는 건지, 잠깐 옆 차선으로 옮겼다가 우리가 지나가면 다시 들어오면 되는 건데, 답답하고 화가 났다. 목구멍 끝까지 욕이 차올랐지만 참았다. 대신 냉소를 담아 운전하시는 분한테 물었다.

"원래 저렇게 안 비켜주는 차도 많아요?"
"그럼요. 요즘은 대부분 잘 비켜주시기는 하는데, 가끔 저런 분들이 있죠."

우리는 체념하고 그 승용차 뒤를 한참 따라갔다. 그러다 어느 순간 그 차량이 없어져서 속도를 더 낼 수 있었다. 드디어 서울 진입이다. 남부터미널 옆을 지나간다. 하지만 서울대병원은 서울에서도 북쪽이다. 고속도로를 빠져나와 시내를 1시간은 달려야 도착하는 거리였다. 심지어 통행량이 많은 금요일 퇴근 무렵. 하지만 오히려 서울 시내에서는 차들이 더 잘 비켜줬다. 얼굴도 모르는 수많은 운전자들에게 그렇게 고마울 수가 없었다. 그 순간도 잠시, 갑자기 칸막이가 확 열린다.

"쌤 더 빨리요!!! 환자가 경련하기 시작했어요."

진짜 울고 싶었다. 병원이 한 10분쯤 남은 것 같았다. 동국대 입구를 지나 동대문 방향으로 향하고 있었다. 큰 사거리에서 신호를 무시하고 몇 번을 달렸다. 서울에 다 와서 경련하기 시작해서 다행이라고 해야 할지, 더 심해지면 안 되는데 어쩌지 하는 마음에 입술이 바짝 타들어 갔다. 발을 동동 굴렀고, 조금이라도 미적거리며 비켜주는 차들을 향해 힘껏 노려볼 뿐이었다. 울고 싶었지만 울어서 할 수 있는 게 없었다. 일단 빨리 응급실로 들어가야 한다. 구급차 기사님의 운전 실력 덕분에 청주에서 혜화동까지 1시간 30분 만에 도착했다. 금요일 오후여서 3시간은 족히 걸릴 거리였다. 열이 나고, 경련하는 남편을 뒷자리에 태운 구급차는 어느 때보다 빨리 달렸다.

두 번째 응급실

서울대병원 응급실은 만석이었고, 들것째로 응급실 입구에서 한참을 대기한 후에 자리가 나서 들어갈 수 있었다. 응급실 신경과 교수님이 오시더니 동공반사, 무릎반사, 발바닥 반응 등을 확인하셨다. 남편에게 이름을 물어봤으나 남편은 여전히 대답하지 못했고, 초점도 맞추지 못했다. 눈알이 자꾸 까뒤집혔다.

응급실에서 기초적인 진단은 마쳤고, 병동도 만실이라 대기가 필요했다. 두세 시간 정도 대기했던 것 같다. 응급실에 앉아 있는 동안 응급실 의사 선생님, 신경과 응급실 담당 의사 선생님, 응급실 간호사 선생님 등 많은 사람들이 돌아다녔다. 내 눈은 이미 팅팅 부을 대로 부어 있었고, 시뻘게져 있었다.

한 차례 폭풍처럼 의료진이 다녀간 이후로 나는 응급실에 누워 있는 남편의 손발을 계속 주물렀다. 남편은 눈을 깜빡거리기는 했지만 아무 말도 하지 못했다. 손발이 너무 차가웠다. 한참을 주무르다가 나는 너무 서러워져서 펑펑 울기 시작했다. 응급실에서 주책맞게 우는 건 나밖에 없는 것 같았다. 내 옆자리 환자는 멀쩡해 보였다. 술에 취해 온 것 같기도 했다. 남편의 손을 붙잡고 고개를 숙이고 울었다. 그러다 의료진이 오는 것 같으면 눈물을 닦고는 멀쩡한 척하고 한마디도 놓치지 않고 들으려고 안간힘을 썼다. 서울대의 판단도 비슷했다.

"헤르페스뇌염 소견으로 보이구요. MRI는 안 찍으셨다구요? 자세한 건 저희도 CT 사진을 더 봐야겠지만요. 다행히 충북대병원에서 초기 대응을 잘해주신 것 같네요. 항바이러스제도 조기에 맞으신 것 같구요."

저녁 9시쯤 되었을까. 아버님과 시동생이 죽을 사 왔다. 응급실 전용 보호자 대기실이 따로 있었다. 대기실로 가서 죽을 떠먹는데 토할 것 같고 아무 맛이 느껴지지 않았다. "헤르페스뇌염인가 봐요, 지켜봐야 한대요." 같은 말만 앵무새처럼 반복하고는 눈을 감았다. 내가 무슨 말을 할 수 있었을까. 시부모님의 마음을 감히 이해할 수나 있을까. 내가 아무리 슬프고 힘든들 자식이 아픈 것을 보고 있는 부모님의 마음에 비교할 수 있을까. 나는 고개를 떨구고 눈을 감고 있었다.

긴 밤

 시간이 조금 지났을까, 어머님에게서 전화가 왔다. 병동에 자리가 나서 올라갈 수 있다는 것이었다. 그렇게 우리는 서울대 본관 10층 104병동으로 올라갔다. 104병동은 신경과 환자들만 입원해 있는 병동이다. 우리도 그중 한 명의 환자가 되었고, 6인실 병동의 중간 자리를 배정받았다.

 또다시 새카만 밤이 되었다. 오늘 새벽, 새카만 밤에 잠옷 바람을 한 남편과 집을 나선 지 24시간도 지나지 않았는데. 남편은 항바이러스제를 맞으니 조금씩 정신이 돌아오는 것 같았다. 그런데 문제는 소변줄이었다. 낮에 충북대에서 서울대로 전원 할 때 의식이 없으니 소변줄을 꽂았는데, 밤이 되니 남편이 자꾸 소변줄을 억지로 뽑으려는 것이었다. 소변줄은 요도에 꽂혀 있고 안쪽에 동그란 형태의 공기주머니가 있는데, 강제로 뽑게 되면 공기주머니가 터져 나와 요도가 파열될 수 있어서 위험했다. 요도가 파열되는 것은 상상만으로도 끔찍했다. 그런 장애까지 남게 할 수는 없었다. 하지만 정신이 온전하지 않은 상태의 남편이 이성적으로 말을 들을 리가 만무했다.

"제발, 제발 부탁이야. 자기야 제발 이거 뽑으면 안 돼."
"알았어. 안 뽑을게, 내 손 놔봐. 놓으라니까?"

우리가 손에 힘을 잠깐 푸는 그 순간, 남편은 또 소변줄을 뽑으려는 것이었다. 그러다 잠잠해지더니 이번에는 손등에 꽂힌 주삿바늘을 강제로 잡아 뜯는다. 순식간에 주삿바늘이 뽑혀 나오면서 손등과 환자복에 피가 후두둑 튄다. 새하얀 환자복에 물감을 뿌린 듯 새빨간 핏방울이 흩뿌려진다. 아주 잠깐이었다. 눈앞에서 피가 튀어 오르면 사람이 순간적으로 멍해진다. 렉 걸린 컴퓨터처럼. 그러다 뒤늦게 정신을 차리고 병실 복도로 뛰어나간다. 죄송한 얼굴로 간호사 선생님을 찾아간다.

"정말 죄송한데, 환자가 또 주삿바늘을 뽑아서요."
"금방 갈게요."

간호사 선생님들은 종종 있는 일이라는 듯 침착하게 대답해 주신다. 이번에 입원하면서 새로 알게 된 사실인데 병동에 있는 간호사 선생님들이 주사를 잡아주시지 않는다. 주사를 전문적으로 놔주시는 선생님들이 따로 있고, 콜이 오면 그때그때 해당 병동으로 가서 주사를 놓아주시는 것 같았다. 새벽에도 몇 번씩 주사 간호 선생님이 와서 새로 놓아주신다. 그렇게 새벽 내내 네다섯 번은 주사를 꽂았다. 급기야는 주사를 놔주러 오신 선생님이 병동 간호사 선생님에게 한마디를 하기도 했다.

"아니, 이렇게 자꾸 주사를 잡게 하면 어떡해요?"

아마 더 이상 잡을 혈관이 마땅치 않아서 그런 것 같았다. 남편은 뇌의 통제 능력, 인지 능력, 제어 능력이 상실되니 정상적인 의사소통이 불가능했다.

그날 밤은 길었다. 시어머니와 나는 남편의 병상 옆 작은 간이침대에서 밤을 새웠다. 교대로 2시간씩 쪽잠을 자면서 남편을 간호했다. 시작은 새벽 1시쯤이었던 것 같다. 어머님이 나를 억지로 재웠다. 나는 괜찮다고 했지만 한 사람이라도 자야 한다고 어머님이 강하게 주장하셔서 어쩔 수 없이 간이침대에 웅크리고 누웠다. 너비 80cm의 작은 간이침대의 절반은 새우처럼 웅크린 내가, 나머지 절반에는 어머님이 걸터앉아 계셨다. 아직도 하루가 끝이 나질 않았구나.

새벽 3시쯤 되자 내가 주섬주섬 일어났다. 어머님도 한숨도 못 주무신 상태였기 때문에 이번에는 내가 어머니를 억지로 재웠다.

어머님은 누워서 패딩 점퍼를 이불처럼 덮고 웅크렸다. 남편이 손등의 주삿바늘을 뽑지는 않을지 지켜보다가 주삿바늘을 뽑으면 간호사를 부르고, 주사를 새로 잡고 제발 뽑지 말라는 사정을 해가면서 밤을 새웠다. 6인실이었는데, 다른 환자들이 간호사에게 항의하는 소리도 들렸다. 저렇게 심각한 사람을 왜 다인실에 재우냐고, 도저히 잠을 잘 수 없다고.

그날 새벽 이후로 하루 종일 먹은 것은 낮 12시쯤, 충격적인 뇌파 검사 결과를 듣기 전에 먹은 초코바와 두유, 그리고 저녁에 응급실 대기실에 먹은 죽 두 숟갈이 전부였다. 신기하게도 배고프다는 생각 자체가 들지 않았다. 사람이 하루 종일 긴장 상태로 있으면 이렇게도 되는구나 싶었다. 다시는 꾸고 싶지 않은 악몽 같은 밤이었다.

입원생활 시작,
사무관에서 보호자로

내가 아는 사람이랑
닮았네요

입원생활이 시작되었다. 집에서 자다가 막 나왔는데, 그날 저녁 나는 병실에 있었다. 갈아입을 속옷도 없었고 여분의 옷도 없었다. 시어머님과 나는 2시간씩 교대로 간이침대에서 쪽잠을 자면서 남편을 간호했다. 발작은 하지 않을까, 갑자기 소변줄이나 링거를 손으로 잡아 뜯지는 않을까 노심초사하면서 지켜봤다.

둘째 날이 되니 병원 구조가 눈에 들어오기 시작했다. 간호사 선생님들이 교대로 상주하시고, 낮에는 교수님들 회진이 있었다. 남편은 계속 누워만 있었다. 사람을 잘 못 알아봤다. 어느 날은 간이침대에 앉아 있는 나와 시어머니를 보더니 처음 만나는 사람을 대하듯이 말을 건넨다.

"둘이 닮았네요."

"응? 우리 닮았어요?"
"네. 둘이 자매예요?"

농담이었다면 어머님 기분이 좋으셨을 것이다. 하지만 문제는 농담이 아니라는 것이다. 그는 나와 시어머니를 알아보지 못했고, 진지한 얼굴로 우리가 자매냐고 묻는 것이었다. 우리가 어색한 표정으로 웃자 재차 물어왔다. 진짜 자매 아니냐고. 충격은 받을 만큼 받았다고 생각했는데 더 있었구나. 갑자기 뱃속에서 신물이 올라오는 것 같았다. 역겨운 토기가 올라왔다. 목구멍 끝에서 시큼한 냄새가 올라오는 듯했다. 울컥하는 마음을 꾹꾹 눌러 담고 그냥 웃었다.

어느 날은 나를 보더니 묻는다.

"내가 아는 사람이랑 닮았어요."
"그래요? 누군데요?"
"조경은(내 이름)이라고, 알아요? 많이 닮았어요."
"그런가요? 잘 모르겠어요."
"혹시 대학생이에요?"
"아니요, 저 나이 많아요."
"몇 살인데요?"
"33살이요"
"26살 같아 보여요."
"고마워요."

남편은 원래 장난이 많은 편이다. 지금까지 나에게 했던 것 중 가장 지독한 장난을 친다. 그것도 아주 진지한 얼굴로. 제정신이 아닌데도 나를 어리게 봐줘서 고맙다고 해야 할지, 아니면 나를 못 알아보는 것에 그저 슬퍼만 해야 할지 모르겠다. 순간 '다른 데 가서도 저렇게 여자들한테 어리다고 하고 다니나?' 싶었지만, 그런 생각을 하는 것조차 사치였다.

남편이 나를 못 알아볼 때마다 눈물이 왈칵 차올라서 금방이라도 울 것 같았지만 애써 울지 않았다. 7년간 나를 가장 가까이서 봐온 남편이 이제는 나를 알아보지 못한다. 눈을 질끈 감았다 뜨면 다 꿈이었으면 좋겠다. 자다가 덜 깬 눈으로 "너무 생생했어, 뭐 그런 꿈이 다 있냐."라고 다음 날 아침 남편에게 투덜대며 얘기할 수 있는, 지금이 그런 꿈이라면 얼마나 좋을까.

올라오지 말라니까

입원 다음 날, 세종시에서 아빠와 엄마가 올라오셨다. 내가 그렇게 오지 말라고 했는데도 10분 만이라도 좋으니 얼굴을 보러 오시겠단다. 나는 짜증을 내버렸다.

"지금 토요일이고 세종에서 올라오면 왕복 5시간은 걸릴 거야. 뭐 하러 와. 그리고 지금 남편이 제정신이 아니야. 와도 아빠도 엄마도 못 알아본다구."

하지만 엄마는 다 괜찮다며 올라와야 엄마 마음이 편할 것 같다면서 꾸역꾸역 올라왔다.

남편 옆에서 정신없이 있는데 부모님이 도착했다는 연락을 받았다. 시어머님이 먼저 나가서 부모님을 마중했다. 잠시 후에 병실로 부모님이 들어오셨다. 잔뜩 긴장한 엄마의 표정, 황망한 표정의 아빠. 내가 남편의 자리로 안내해서 커튼을 걷었다. 사람을 못 알아보던 남편 표정이 갑자기 달라지는 것이었다.

"아이고, 어떻게 오셨어요. 감사합니다."

남편이 우리 부모님을 알아보는 것이었다.

"자기야, 아버님, 어머님 좀 편하게 앉으시라고 해. 바쁘신데 어떻게 오셨어요."

나는 제정신이 아닌 상황에서도 우리 부모님을 보고 자세를 고쳐 앉고 의연하게 말하려고 갖은 애를 쓰는 남편을 보니 울컥했다. 이틀째 못 감아서 떡이 진 머리칼, 어제 주삿바늘을 뽑다 튄 피가 갈색으로 말라붙어 있는 하얀 환자복. 바르게 앉으려는 자세가 무색하게 남편은 멀쩡한(척하는) 얼굴로 이상한 소리를 한다.

"오늘 어디서 주무시게요? 제가 지금 있는 호텔 방을 빼드릴 테니 저희 방에서 주무세요. 저는 괜찮아요. 이 방 쓰세요."

남편은 농담이 아니었다. 꽤나 진지하게, 지금 상황에서는 최선을 다해서 제정신을 붙잡고 있는 것이었다. 어린 사위가 처음에는 농담을 하는 줄 알았다가 이내 진심인 것을 알고는 당황한 우리 아빠. 괜찮다고 웃어주었지만 잠깐 스쳐 가는 아빠의 동공이 흔들리는 것을 나는 보았다. 눈물이 그렁그렁한 채로 연신 다 좋아질 거라고 힘내라고 말하는 엄마. 그 옆에서 웃지도 울지도 못하고 그저 고개만 숙인 나. 고작 2주 전에 분위기 좋은 프렌치 레스토랑에서 웃고 떠들며 엄마 퇴직 기념 저녁식사를 했다. 그런데 갑자기 이게 드라마도 아니고 무슨 비극인지.

잠시 후 아빠 엄마한테 병실 밖에 있어 달라고 하고 병실로 들어와 남편 얼굴을 보았다. 그동안 꾹꾹 참아왔던 눈물이 한 번에 터져 나왔다. 그렇게 아픈데도, 나도 가끔 못 알아보고 친구도 못 알아보는 주제에 우리 부모님은 알아보고 깍듯하게 대하는 남편을 보니 그저 고맙고 서러웠다. 병실 침대에 환자복을 입고 누워 있는 남편 앞에서 고개를 숙이고 펑펑 울었다. 남편은 놀란 토끼눈이 되어 오히려 나를 걱정한다.

"자기야, 왜 그래 무슨 일 있어? 왜 우는 거야?"

무슨 일이 있냐니. 자기가 쓰러져서 입원해 있잖아 지금. 목구멍 끝까지 차오르는 말을 삼켰다. 남편 앞에서 처음 울었다. 자기가 아픈 줄도 모르고 제정신도 아니면서 내가 우니까 나를 걱정하는 남편은 바보다. 눈물이 멈추지를 않았다. 지금 누가 누굴 걱정하는 거야. 자기가 아픈 사람이면서 우리 부모님 앞에서는 괜찮은 척, 자기 호텔 방을 빼주라니. 웃기면서 슬펐고 감동적이면서 고마웠다. 우리 착한 남편. 자기가 아프면서 나를 걱정하는 세상에서 내가 제일 사랑하는 남자.

시어머니랑 교대하고 병실 밖으로 나가니 엄마가 비상계단에 쪼그려 앉아 있다. 엄마랑 부둥켜안고 펑펑 울었다. 이 상황이 무서웠다. 너무 서러웠다. 엄마의 작고 따뜻한 등은 나에게 위로가 되었다. 나는 처음으로 인정했다. 나는 무서웠고 누군가의 위로가 필요했다.

남편이나 시어머님 앞에서 나는 위로받을 수 없었다. 남편은 정신착란 증세를 보이고 있는데 내가 무섭다고 응석부릴 순 없었다. 내가 충격을 받아서 기절해 버리면 남편은 누가 돌볼까. 나는 강한 모습을 보여야 했고, 이 말도 안 되는 상황들 속에서 나는 침착해야만 했다. 그래야만 남편을 살릴 수 있었다.

그렇게 강한 척, 태연한 척, 침착한 척 가면을 쓰고 있다가 엄마 앞에서 무장해제 된 것이다. 서울대병원 104병동 비상계단 앞에서 쪼그려 앉아 엄마를 부둥켜안고 울었다. 어린아이처럼 눈물 콧물 쏟아가며 엉엉 울었다. 10분을 쉬지 않고 울고 나니 속이 다 후련했다. 엄마한테 나 괜찮다고, 살다 보면 이런 일도 있는 거 아니냐고. 잘 치료받으면 될 거라고. 내가 엄마를 위로했고, 나 스스로를 위로했다. 다 괜찮을 것이다.

로또 당첨이 아닌
희귀병 당첨

남편은 최종적으로 헤르페스뇌염으로 진단이 나왔다. 네이버에 헤르페스뇌염을 검색하면 아래와 같이 나온다.

> 헤르페스뇌염: 단순 헤르페스 바이러스가 원인인 뇌염인데, 소아, 성인에도 침범하여 고열을 내면서 의식장애, 혼수상태에 빠지고, 급성을 경과하여 2주일 전후가 되면 대부분이 죽게 되는 예후불량인 뇌염이다. 측두엽(側頭葉), 시상, 뇌간 등에 출혈성, 괴사성인 염증성 병소(病巢)를 만들고, 특히 변연계(邊緣系)에 침입하는 경우가 많다. (후략)
>
> 헤르페스뇌염[herpes simplex encephaltitis, ~腦炎] (강영희, 《생명과학대사전》, 초판 2008. 개정판 2014.)

쉽게 말하자면, 대부분의 성인의 체내에 존재하고, 피곤하면 입가를 트게 만드는 헤르페스 바이러스가 원인은 모르지만 뇌로 침범한 질병이다. 입술이 트면 염증이 나오면 끝이지만, 뇌에 감염이 되면 뇌의 기능을 교란시킨다. 예를 들어 시각, 청각, 말하기, 기억 등의 우리가 일상적으로 수행하는 모든 기능이 정지되는 것이다. 무시무시한 병의 설명처럼 남편은 처음 며칠 동안은 꽤나 심각했다.

"환자분 성함이 어떻게 되세요?"
"…"
"환자분 오늘이 몇 년도인지 아세요?"
"글쎄요… 2012년이요."
"환자분 지금 여기가 어디인지 아세요?"
"동사무소… 동사무소 같은데요."

게다가 남편의 뇌 MRI 결과도 안 좋았다. 의사 선생님께서는 뇌 양쪽에서 염증성 병변이 상당히 크게 보인다며 직접 보여주셨다. 흑백으로 생긴 호두 모양의 뇌에 희뿌연 안개 같은 것이 잔뜩 차 있었다. 희뿌연 것은 염증이었다. 뇌가 염증으로 가득 찬 것이었다. 앞으로 최소 3주간 입원해야 하고, 회복에는 수개월에서 수년이 걸릴 것이라고 하셨다. 멀쩡했던 치과의사 남편이 100만분의 1의 확률로 발생한다는 희귀병에 걸린 것이다.

네이버에 수도 없이 헤르페스뇌염을 검색했다. 헤르페스뇌염에 걸린 사람, 걸렸던 사람, 치료받고 있는 사람 등등. 그런데 자료가 너무 부족했다. 국내에서 몇 명 안 되는 희귀질환이었고 나는 더 많은 사례가 필요했다. 구글로 가서 영어로 'herpes encephalitis'를 검색했다. 영국 encephalitis 커뮤니티 웹사이트가 있었다. 다양한 정보가 보기 좋게 정리되어 있었다.

뇌염에도 여러 종류가 있었다. 자가면역성뇌염, 세균성, 바이러스성 등등. 그중에는 특정 바이러스인 헤르페스 바이러스에 의해 감염되는 헤르페스뇌염에 대한 가이드북도 있었다. 물론 영어로 되어 있었고, 가이드북 자체에도 여러 종류가 있었다. 요약본, 전체 버전 등등. 나는 사이트에서 가이드북 전체를 다운받았고 PDF로 된 영어 가이드북은 약 300페이지가 넘었다. 나는 그 자료가 필요했다.

물론 서울대병원에서 최고의 의료진이 치료해 주겠지만, 나도 이 병에 대해서 알고 싶었다. 환자의 보호자로서. 의료진은 최고의 치료를 해줄지 몰라도 보호자만큼 환자에 대해 인간적인 애정을 가질 수는 없다. 보호자도 관심을 갖고 적극적으로 치료에 참여해야 한다고 생각했다. 일단 병 자체가 알려지지 않아 너무 답답했다. 나는 다운받은 자료를 시동생에게 메일로 보내서 전체를 출력해 달라고 부탁했다. 병원에서는 병실의 간이침대에서, 그리고 퇴원 후에는 시댁에 가서 영어로 된 자료를 공부했다. 서울대병원 지하 편의점에 가서 볼펜과 형광펜을 샀다. 의학용어라 어려운 부분이 많았지만 계속 읽다 보니 나오는 용어들이 반복되어서 나중에는 읽기 수월해졌다.

그 자료는 정말 많은 도움이 되었다. 헤르페스뇌염이 무엇인지, 원인은 어떤 것인지, 발병 양상은 어떤지, 어떠한 증상들이 발현되고 표준 치료법과 치료 후 예후, 재활치료, 사회와 가정으로 복귀 등등. 내가 궁금해하는 모든 정보가 담겨 있었다. 한국어로도 있었다면 정말 좋았을 텐데 하는 생각을 잠깐 했다. 이 병에 대한 자료 자체가 너무 없어서 한국어 버전을 뇌염 카페에 올리면 어디선가 그리고 앞으로 답답해할 보호자 또는 환자에게 많은 도움이 될 것 같았다. 내가 번역까지 하면 좋겠지만 그럴 여유가 없었다. 일단은 내가 공부하고 아는 것이 먼저라고 생각했다.

지금 생각해 보면 의료진을 믿고 그냥 시간이 가기만을 기다렸어도 큰 변화는 없었을 것이다. 그렇지만 그 당시에는 나 스스로가 너무나 무기력하게 느껴졌기 때문에 기를 쓰고 공부했던 것 같다. 남편이 저렇게 아픈데, 그냥 쳐다보고 간병하는 것 이외에도 나도 도움이 되고 싶었다. 나도 같이 공부하고 나도 같이 그의 회복을 돕고 싶었다. 영어로 된 자료를 읽을수록 발병 전의 모든 상황이 이해가 되었다. 남편은 전형적인 헤르페스뇌염의 증상을 나타냈던 것이다.

남편이 보였던 헤르페스뇌염의 증상은 다음과 같다.

1) 헛소리, 망상증

헤르페스 바이러스가 뇌에 침투하면 판단력을 저하시키고 뇌의 인식 체계를 공격한다. 그렇게 해서 헛소리와 망상에 빠지는 것이다. 남편은 코로나가 심하니 섬으로 들어가 땅을 파고 먹을 것을 묻어놓고 살아야 한다고 말했다. 그는 상당히 진지한 표정으로 말했지만 나는 평소에 하는 가벼운 농담처럼 여겼다. 증상이 심해지면 누군가가 나를 공격한다 혹은 헛것이 보인다고 말하기도 한다고 한다. 헤르페스뇌염의 전형적인 증상 중 하나이다.

2) 고열

바이러스 감염으로 인해 뇌의 면역체계가 발동하여 고열이 발생한다. 남편은 119 구급차가 출동했을 당시 체온이 39.8도였다. 몸이 아주 펄펄 끓는 것이었다. 뇌에서 대량의 감염이 발생하고 있었기에 고열이 있었던 것이다. 사실 남편의 고열은 하루 이틀 된 것이 아니었다. 5일 내내 고열이 심하게 났다. 처음 하루 이틀은 감기약을 먹었고, 약효가 지속되는 4시간이 지나면 다시 열이 심하게 오르곤 했다. 3일째에도 열이 내려가지 않아 타이레놀을 4시간마다 복용하고 근처 이비인후과에서 진료를 받았으며, 5일째에도 고열이 지속되어 영양수액을 맞았던 것이다. 해열제를 먹었는데도 열이 48시간 이상 지속된다면 단순한 감기 등의 증상이 아닌 우리 몸의 어딘가가 심하게 감염되었다는 증상 중 하나인 것이다.

3) 두통

 열이 심하게 나기 시작한 후 1, 2일 후부터 남편은 두통이 너무 심하다고 했다. 워낙 자기 몸에 둔감한 사람이어서 웬만한 통증은 말도 하지 않는 남편이 두통이 심하다고 표현을 했으니 아마 그 고통은 상당했을 것으로 추측된다. 바이러스가 뇌에 침투하고 감염을 시키는 과정에서 통증을 유발했던 것으로 보인다. 머리 뒤쪽으로 심한 두통을 호소했다. 나와 남편은 잠을 잘못 잤거나 스트레스 등으로 인한 두통은 아닌가 했다. 하지만 두통은 헤르페스뇌염의 아주 대표적인 증상 중 하나였다.

4) 졸음

 졸음이 쏟아졌다. 낮 동안 잠깐 조는 정도가 아니었다. 저녁 7시부터 12시간을 내리 자는 수준이었다. 그냥 감기약을 먹어서 많이 자는 줄로만 알았다. 자다가 중간에 깨서 약을 먹고 다시 자는 것을 반복했다. 헤르페스 바이러스가 뇌를 공격하게 되면 자기들의 감염과 증식에만 모든 에너지를 쏟게 된다. 이는 곧 뇌를 셧다운시키게 되고, 밥을 먹는 것을 포함해서 모든 활동을 하지 않도록 만든다. 퇴근 후 골프나 TV 보기, 운동, 수다 떨기 등 아무것도 하지 않고 인간은 계속 잔다. 숙주인 인간을 계속 자게 만들고 남는 에너지로 바이러스가 증식하기에 최고의 환경을 만드는 것이다.

어느새 익숙해진
입원생활

남편이 병에 걸린 사실을 받아들이듯 나도 병동 생활에 익숙해졌다. 병실 안에 샤워 공간이 딸린 화장실이 있고 병동 전체에도 공용 화장실과 욕실이 있다. 나는 남편의 소변 통을 비우거나 다 먹은 식판을 치우기 위해서 병동을 자주 돌아다녔다. 좁은 병실에 있다가 통화를 하거나 화장실을 가기 위해 10층 복도를 걸어 다녔다.

서울대병원 10층 복도는 가운데 엘리베이터를 중심으로 동그랗게 생겼고 마인드맵을 하듯 동그라미의 한 부분마다 병동이 이어져 있었다. 그래서 운동을 할 때면 동그란 복도를 따라 계속 걸어 다닐 수 있었다. 그렇게 다니다 보면 다른 환자들을 자주 마주친다.

그중 내가 제일 부러워했던 환자와 보호자가 있다. 아직도 그 실루엣이 기억난다. 30대로 보이는 여자 환자였는데 보호자와 팔짱을 끼고 대화를 하며 걸어 다니는 것이었다. '팔짱'을 끼고 '대화'를 하며 '걸어' 다니다니. 그 환자는 왼손으로는 링거 스탠드를 밀고 오른손으로는 보호자의 팔짱을 끼고 대화를 하며 걷고 있었다. 병실은 답답하고 2월이라 병원 밖으로 나가기는 너무 추우니 복도에서 운동하는 것 같았다.

남편은 계속 누워 있었고 일어나면 심장이 갑자기 빨리 뛰어서 어지러워했다. 기립성 빈맥이었다. 보통 사람의 맥박수가 60에서 90 사이였다면 남편은 병실 침대에서 일어났을 때 맥박이 130 이상이었다. 단기 기억상실도 심해서 어제 면회 온 친구도 기억하지 못했다. 아니, 어제 친구가 왔었다는 사실 자체를 기억하지 못했다.

운동은 꿈도 꿀 수 없었다. 대화도 10분 이상 이어지질 못했다. 기억은 조금씩 돌아오고 있었지만 가끔씩 헛소리를 했다. 최근 한 달의 기억은 전혀 하지를 못했고 최근 1년간의 기억도 거의 없었다. 멀쩡하게 걸어 다니는 다른 환자가 그렇게 부러울 수가 없었다. 병실 밖 복도에 있는 화장실을 갈 때마다 복도를 산책하는 환자들을 보면서 생각했다. '저 환자는 어디가 아파서 입원한 걸까, 어떤 병일까, 얼마나 걸려서 지금 저렇게 좋아진 걸까, 우리 남편처럼 힘든 시기도 있었을까.' 별의별 생각을 다 했다. 남편이 일어나서 걸을 수만 있다면, 기억만 돌아온다면 좋겠다. 그게 내가 바라는 전부였다.

보이스피싱 위기

입원 5일 차부터는 항바이러스제가 잘 듣기 시작했는지 남편의 정신이 조금씩 돌아왔다. 이제 대화가 가능했다. 그래도 대화가 10분이 넘어가면 많이 피곤해했다. 남편은 누워서 자주 눈을 감고 있었다. 아마도 자기가 뇌염에 걸렸다는 사실을 받아들이기가 어려운 것 같았다. 주치의 선생님이 오시면 내일 퇴원하겠다는 말을 반복했다. 자기는 집에서 치료하면 되고, 다 나았다는 것이다.

남편에게서는 한시도 눈을 뗄 수가 없다. 입원하고 3일째였나, 남편이 처음으로 핸드폰을 찾았다. 핸드폰을 손에서 놓지 않는 남편이었기에 나는 충전된 핸드폰을 건네주었다.

남편은 핸드폰을 열어서 그동안의 통화 기록이랑 문자를 살펴보는 것 같았다. 조용했다. 아기를 키울 때 조용하면 뭔가 큰일이 났다고 하던데, 딱 그 상황이었다. 핸드폰으로 뭘 보고 있나 싶어서 슬쩍 봤다. 이상한 금융거래 웹 페이지가 떠 있었다.

"자기 이거 뭐야?"
"모르겠어. 그냥 이거 눌렀는데?"

남편의 핸드폰을 받아서 뒤로 가기를 눌러보니 문자로 온 광고성 스팸문자 URL을 클릭한 것이었다. 그냥 누르기만 해도 수십만 원이 빠져나간다는, 어른들이 특히 조심해야 한다는 그 스팸문자 링크였다. 등골이 서늘했다. 남편은 원래 머리가 좋고 눈치가 빠른 사람이다. 원래의 남편이었다면 스팸문자를 누를 리 없는 사람이었다. 그런 남편이 스팸문자의 링크를 클릭한 것이다.

순진한 표정으로 '나 이거 눌렀어. 잘못한 거야?' 하고 날 바라보는 남편의 표정을 보니 머리를 한 대 얻어맞은 것 같았다. 남편에게 왜 그랬냐고 다그쳐서는 안 될 것 같았다. 정신을 차리고 어린아이를 타이르듯 남편에게 차분하게 설명했다.

"여기 이 문자 보이지? 이게 인터넷 주소야. 이걸 누르는 순간 돈이 나가. 절대 누르면 안 돼. 알았지?"
"응 그럴게."

남편이 스팸문자를 누를 수 있다는 사실을 안 다음부터는 남편에게 핸드폰을 주는 것이 조심스러웠다. 미안했지만 항상 뭘 하는지 옆에서 확인해야 했다. 남편은 스스로 금융관리가 되지 않는 심신미약, 금치산자의 상태였다. 남편은 어린아이와 같아서 계속 옆에서 지켜봐야 했다. 처음 며칠은 핸드폰 비밀번호도 기억하지 못하더니 3일 후였나 결국 기억해 냈다. 세종시 집 주소도 몰랐다. 하긴 지금 있는 곳이 동사무소라고 할 정도니, 대화다운 대화를 하기까지 시간이 필요했다.

저 휴직합니다

하루아침에 남편이 희귀병에 걸렸다. 하루만 쉬면 될 줄 알았던 직장은 6개월 휴직을 하게 되었다. 주말에 회사 과장님과 통화를 하는데 과장님의 걱정 어린 목소리에 그만 참았던 눈물이 터져버렸다. 입원 다음 날 엄마가 다녀간 후 처음으로 우는 날이었다. 아이들과 평화로운 주말 저녁을 보내고 있을 과장님의 진심이 담긴 걱정과 위로를 들으니 그동안 씩씩하게 버텨왔던 모든 것이 무너져 내리는 기분이었다.

"조 사무관, 아니 대체 이게 무슨 일이에요."

조 사무관이라니, 아 나 사무관이었지. 나는 요 며칠 동안 이름이 없었다. 나의 공식 명칭은 '김○○ 환자 보호자분' 이었다. 나는 보호자님인데, 이상하네. 조 사무관이라는 흔한 호칭이 갑자기 생소하게 느껴지면서 현실이 눈에 들어오기 시작했다. 나는 이제 사무관이라는 호칭이 어색할 정도로 보호자가 되었구나. 나는 지금 끝이 보이지 않는 터널 속으로 들어왔구나.

그 통화는 꿈을 꾸듯 하루아침에 바뀌어 버린 병동 생활 속에서 객관적으로 내 상황을 인식하게 된 순간이었을 것이다. 제삼자의 걱정하는 말투와 평온했던 때에 불렸던 나의 사회적 호칭을 들으니 갑자기 '현타'가 왔다. 대체 왜 나에게 이런 일이 생긴 건지, 이런 말도 안 되는 상황은 다 뭔지, 답답하고 억울했다. 사실 힘든 일, 간병하는 일은 그럭저럭 해낼 수 있었다. 어린아이가 되어버린 남편을 챙겨주고, 간호하면 되는 일이었다. 하지만 가장 무서운 건, 남편이 잘 회복되리라는 보장이 없다는 현실이었다.

그 누구도 잘 회복되고 있다고, 완치될 거라고 말해주지 않았다. 아침마다 회진 오는 교수님, 담당 전공의, 간호사 선생님들 등 우리가 만나는 모든 의료진에게서 단 한 번도 "나을 겁니다."라는 희망적인 이야기를 들은 적이 없었다. 처음 쓰러져 응급실에 온 날부터 입원하고 있는 동안 단 한 번도.

묵묵하게 와서 환자의 상태를 살피고 앞으로의 치료방법만 이야기해 주는 의료진. "보통 어느 정도면 회복하나요? 이 정도면 더 좋아질 수 있나요?"라는 환자의 질문에 애매하게 침묵하는 몇 초의 정적은 남편과 나를 혼란스럽게 만들었다. 교수님이 회진 오는 그

10초가 환자에게는 24시간을 좌지우지하는 시간이다.

하물며 응급실에 도착한 날부터 일주일이 넘게 단 한 번도 "좋아질 겁니다."라는 말을 들은 적이 없으니 얼마나 답답했을까. 경과를 묻는 우리의 질문에 교수님이 침묵했던 수 초간은, 생각보다 큰 파장을 일으켰다. 나중에 알았지만, 남편은 교수님이 매일 침묵하는 걸 보고 병세가 계속 악화되고 있다고 느꼈다고 했다. 가망이 없구나, 그래서 저렇게 좋아질 거라고 말해주지 않는구나 하고 생각했단다. 그도 그럴 것이 우리가 매일 던졌던 질문은 다음과 같았다.

"원인이 뭔가요?"
"다양합니다."
"정상으로 돌아오기까지 어느 정도 시간이 걸리나요?"
"환자마다 천차만별이에요."
"이렇게 항바이러스제를 맞으면 회복이 잘되나요?"
"지켜봐야죠."

우리가 궁금한 대부분의 것은 '알 수 없'거나, '단정지을 수 없'었고, 회복은 요원해 보였다. 지금 회복되고 있는 상태가 상대적으로 빠른 건지, 더딘 편인지도 알 수 없었다. 통상 병원에서 얘기하는 '치료기간'에 관한 것이 빠져 있었다. 우리는 지금 회복상태가 빠른 건지, 보통 2주면 회복이 되는 건지, 이후에는 관리만 잘하면 좋아지는지와 같은 '미래'가 궁금했지만 병원 측은 우리에게 '미래'를 공유하고 싶지 않은 것 같았다. 의료진은 통계가 너무 부족했거나, "다 좋아질 겁니다."라는 괜한 희망 또는 불확실한 단정을 지을 수 없어서 그랬을 것이다.

실제로 너무나 희귀병이어서 며칠이면 몇 퍼센트 회복한다는 그런 통계조차 없는 질병이었다. 예를 들어 눈에 다래끼가 나면 하루 이틀 내에 약을 복용하면 낫고 그래도 안 나으면 병원 가서 다래끼를 째는 수술을 하고 일주일 정도 회복을 한다. 팔이 부러지면 3주 정도 부목을 대고 이후 한두 달 조심하시면 어느 정도 회복된다는 '통상적 치료 방법과 회복에 대한 기대 기간'이라는 것이 있다.

그런데 이 병은 아니었다. '보통' 얼마 만에 회복하는지, '보통' 동반되는 후유증에는 어떤 게 있는지, 병의 발병 이전으로 돌아갈 수 있는지, 그 어느 것에 대해서도 의료진은 시원하게 대답해 준 적이 없었다. 보호자인 나는 그저 답답해서 이런저런 자료를 찾아보는 정도였지만, 나중에 알고 보니, 남편은 의료진의 그 '긴 침묵'과 '단정 지을 수 없는 불확실성'에 심하게 충격을 받고 스스로의 상태가 걷잡을 수 없이 나빠서 저러는구나 싶어 최악의 경우까지 생각했다고 했다.

그렇게 기약 없는, 치료에 대한 기대 없이 하루하루를 버텼다. 핸드폰도 없고 별빛 하나 없는 사막 한가운데서 나 혼자 꾸역꾸역 걸어가는 듯했다. 나는 남편이 쓰러지고 난 그날부터 일주일 동안 서울대병원 간이침대에서 살았다. 친정엄마가 내가 갈아입을 속옷과 티셔츠, 츄리닝을 가져다주셨다. 엄마가 갖다주신 양말은 꽃무늬가 그려진 남색 아줌마 양말이었고, 티셔츠는 아빠가 집에서 즐겨 입던 목 늘어난 까만색 셔츠였다. 츄리닝은, 스판성이 뛰어난 까만색 치마바지였다. 웃기면서 눈물이 났다.

 엄마는 신혼 몇 달 만에 남편이 쓰러져 간이침대에서 지낼 딸내미의 옷가지를 싸면서 무슨 생각을 했을까. 최대한 편하고 잠자기 편한 옷을 고르느라 고심하셨겠지. 그렇게 엄마가 주섬주섬 챙겨와준 티셔츠와 치마바지, 그리고 양말은 그렇게 포근하고 편할 수가 없었다. 그리고 몇 주일 동안 그 옷은 내 유니폼이 되었다.

 샤워는 병동에 있는 공동 샤워장에서 했다. 시댁에서 가져다주신 수건을 썼다. 나와 어머니는 매일 남편 옆에서 간병하며 24시간 교대로 생활했다. 아버님과 시동생은 매일, 정말 하루도 빠짐없이 왕복 3시간이 걸려 송파에서 서울대병원으로 어머님과 나를 실어 날랐고, 매일 새 수건과 집에서 새로 끓인 죽, 과일 등을 가져다주셨다.

 그렇게 남편이 입원하고 일주일 되던 날, 직장에 휴직계를 제출하기 위해 KTX를 타고 세종시로 내려갔다. 일주일 만에 혼자 도담동의 신혼집에 갔다. 도어록 비밀번호를 누르고 집에 들어가는 순간, 텅 빈 아파트 안 썩어버린 음식물 냄새와 쿰쿰한 곰팡이 냄새가 코를 찔렀다. 아무리 생각해도 그냥 집을 오래 비워서, 환기가 되지 않아서 나는 냄새는 아니었다.

 거실을 향해 걸어갔다. 생각해 보니 주방에 음식이 있었다. 남편이 쓰러지기 전날, 그러니까 지난주 목요일 저녁으로 먹은 죽이 가스레인지 위에 냄비째로 놓여 있었던 것이다. 금요일에 먹으려고 냉장고에 넣어놓지 않았었는데, 그게 화근이 된 것이었다. 따뜻한 집 안에서 일주일 넘게 상온에 방치되었으니 죽이 상할 대로 상했던 것이다. 토할 것 같은 기분을 누르며 가스레인지로 다가갔다. 무시하고 싶었지만 그러면 안 될 것 같았다. 조심히 분홍색 냄비뚜껑에 손을 가져갔다. 뚜껑을 열었다. 눈 앞에 펼쳐진 건 곰팡이가 허옇게 핀 죽이었다.

 남편이 감기인 줄 알고 정성스럽게 끓였던 흰죽은, 일주일간의 발효를 거듭해 시큼한 상태를 거쳐 곰팡이에 완전히 표면이 뒤덮여 버렸다. 울렁거리는 토기를 간신히 참았다. 그때부터였다. 눈물이 터져 나왔다. 곰팡이가 피어버린 죽이 마치 지금의 내 상태처럼 느껴졌다. 모든 게 최악이었다. 갑자기 혼자라는 생각이 파도처럼 휘몰아쳐 왔다. 댐에 물이 가득 차올라 한꺼번에 터져버리듯이, 나도 무너져 버렸다.

 '남편은 여기 없구나. 나 혼자구나. 지금 남편은 죽을 고비를 넘기고 있구나. 이 신혼집에 나 혼자구나.'

그동안은 완전히 다른 곳에서 생활했다. 남편이 쓰러지던 날, 핸드폰만 들고 나간 그날부터 일주일간 계속 병원에서 생활했다. 킹 사이즈의 푹신한 침대가 병실의 딱딱한 간이침대로 바뀌었다. 베개나 이불 따위를 바라는 것은 사치였다. 담요를 둘둘 말아서 베개 삼아 베고, 입고 왔던 패딩 점퍼를 잘 펼쳐서 이불처럼 사용했다. 안락했던 집의 화장실이 아닌 병동의 공용 화장실에서 샤워를 했다. 옷은 제대로 갈아입을 수도 없어 같은 옷을 며칠씩 입고 지냈다.

그래서인지 꿈을 꾸듯 현실감이 없었다. 게임에서 퀘스트를 깨듯, 지금 내 눈앞에 있는 상황만 하나하나 잘 넘겨내면 될 것만 같았다. 운 적도 거의 없다. 말도 안 되는 상황임을 감안해도, 씩씩하게 잘 참았던 것 같다. 내가 무너지면, 나를 바라보는 남편이 힘들까 봐 괜찮은 척, 다 잘될 거라고 말하며 항상 웃었다.

그런데 신혼집에 오니 더 이상 억지로 참을 필요가 없었다. 일주일 만에 처음으로 혼자 있는 공간이었다. 그동안 괜찮은 척, 의연한 척하며 꾹꾹 눌러 담았던 감정들이 혼자 있게 되니 한꺼번에 터져 나왔다. 주체할 수 없이 오열했다. 옷도 벗지 않은 채로 침대 위에 엎어져서 울었다. 나한테 왜 이런 일이 생긴 건지, 화나고 분하고 속상했다. 더없이 행복했었는데, 모든 것이 잘 풀리고 있었는데… 신혼의 단내가 남아 있던 그 집에서 나는 지옥의 밑바닥에 던져진 기분이었다.

그렇게 20분쯤 울었다. 눈은 시뻘겋게 충혈되었고 하도 울어서 그런지 머리는 멍했다. 그렇다고 몇 시간씩 울 기운도 없었다. 정신을 차리고 샤워를 했다. 아주 오랜만에 하는 따뜻하고 긴 샤워였다. 내가 쓰던 샴푸, 린스와 스킨로션이 이렇게 감사한 것인지 몰랐다. 옷을 갈아입고 회사로 갈 준비를 했다. 나에게 주어진 시간은 24시간밖에 없었기 때문이다. 금요일 오후 기차로 내려왔기 때문에 회사, 관공서와 관련된 모든 절차는 업무시간 내인 오늘 중에 처리해야만 했다.

정신을 차리고 회사로 갔다. 일주일 만에 보는 직원들을 보니 내가 어디 먼 여행을 다녀온 사람 같이 느껴졌다. 과장님께 상황을 말씀드리고, 같이 일하는 주무관님한테도 자초지종을 설명했다. 다들 전화로 대충 들어서 그런지 놀라기보다는 나를 걱정하는 표정이었다. 휴직 절차는 의외로 간단했다. 인사과에 이야기를 하고 6개월 휴직을 신청했다. 직장에서 내 상황을 많이 배려해 주었다. 그렇게 7년 동안 일했던 직장을, 상상하지도 못했던 이유로 쉬게 되었다. 내가 언젠가 휴직이나 자리를 떠나게 된다면 그건 육아휴직이나 유학일 것이라고 생각했었다. 그런데 배우자 간병휴직을 내다니. 세상일은 참 알 수가 없다.

과장님과 함께 인사과에 가서 휴직 의사를 밝히고, 사무실로 돌아왔다. 내 자리에 가서 업무용 슬리퍼, 핸드크림, 꽃병, 명함지갑 등 '내 개인 물품'들을 챙겼다. 주섬주섬 쇼핑백에 넣었다. 쇼핑백

하나가 채 되지 않았다. 나머지 업무 관련 서류들, 책자들은 후임자를 위한 것이었다. 과에 마지막 인사를 하고, 동기들 얼굴을 한 번 보고 회사를 나왔다. 회사 앞에 세워놓은 차에 올라탔다. 이제 다시 언제 돌아올 수 있을까, 마지막 출근이라고 생각하니 기분이 묘했다. 무엇보다 어안이 벙벙했다. 여전히 현실감은 없었다. 그래도 얼른 추스르고 다시 병원으로 돌아가야 할 시간이다. 오히려 회사와 관련된 일을 정리하니 홀가분하기까지 했다. 이제부터는 사무관이 아닌 남편의 보호자로 살아야 할 시간이다. 보호자로서의 삶에만 집중하면 되는 것이었다.

나 혼자 혼인신고

직장을 그만두고 나서 집으로 갈 수가 없었다. 할 일이 하나 더 있었기 때문이다. 금강을 건너 세종시청으로 갔다. 민원실은 1층에 있었다. 나는 혼인신고를 해야만 했다. 우리는 지난가을에 결혼했지만 혼인신고를 미루고 있었다. 귀찮았기도 했고 임신이라도 하면 그때 혼인신고를 할 참이었다.

하지만 직장을 휴직하기 위해서는 '배우자 간병휴직' 신청이 필요했고, 내 남편이 서류상 나의 '배우자'임을 입증할 수 있어야 했다. 혼인신고가 필요했다. 나는 세종시청 1층 민원실을 방문했다. 혼인신고 창구를 가서 번호표를 뽑고 주변을 둘러보았다.

평일 오후였지만 혼인신고를 하는 팀이 한 팀 더 있었다. 앳되어 보이는 커플이었다. 세종시청에는 혼인신고 후에 기념촬영도 할 수 있도록 장미로 된 포토존도 있었다. 입안이 썼다. 긴장과 설렘이 담겨 있는 그 신혼부부를 보고 있노라니 문득 정신이 멍해졌다.

'딩동'

내 차례를 알리는 알림이 들렸다. 창구에는 임신한 젊은 직원분이 계셨다. 나는 침착하게 말했다. 혼자 혼인신고를 하러 왔다는 나의 떨림이 창구 뒤에 있는 직원에게 전달되지 않기를 바라면서.

"혼인신고 하려구요."

직원은 남편분이 같이 안 오셨으면 남편 신분증과 도장을 달라고 사무적으로 말했다. "남편분은 어쩌고 혼자 오셨어요?"라고 묻기라도 했으면 침착하게 대답할 자신이 없었는데, 그나마 다행이었다. 나는 나 혼자 억지로 신고하는 거 아니냐는 오해를 살까 봐 "네, 다 가져왔어요. 잠시만요." 하고 씩씩하게 말하고 잽싸게 남편의 신분증과 도장을 건넸다. 신청 서류는 어제 남편에게 미리 작성시켜 놓은 상태였다. 나는 전날 남편의 눈을 바라보다 말했다.

"우리 결혼하자."

남편은 그게 무슨 뜬금없는 소리냐는 듯이 나를 쳐다봤다.

"우리 결혼한 거 아니었어?"

그래도 오늘은 결혼한 걸 기억해 주는구나, 그나마 다행이다, 라고 잠깐 생각했다. 나는 웃으면서 말했다. "우리, 결혼식은 했지만 혼인신고는 안 했어. 우리 혼인신고 하자."고 웃으면서 말했다. 배우자 간병휴직을 위해서 혼인신고를 하게 된 타이밍이 참 멋쩍었지만 생각보다 빨리 혼인신고를 하게 되었다. 남편에게 혼인신청서 서류에 직접 이름과 주민등록번호를 적게 했다. 내가 할 수도 있었지만, 그냥 그렇게 하고 싶었다. 시부모님께 말씀드리고 보증인 부분에 서명도 받았다. 그렇게 준비한 서류를 들고 다음 날 세종시청에 간 것이다.

절차는 의외로 간단했다. 혼인신고 창구에는 "접수 후 무효처리 절대 안 됨. 신중하게 신청 요망."이라는 글자가 빨간색으로 큼지막하게 적혀 있었다. 혼인신고를 장난으로 접수하기도 하는구나, 얼마나 민원이 많으면 저렇게 적어놓았을까 싶었다.

그렇게 나는 가장 행복한 시기가 아닌 가장 힘든 시기에 혼인신고를 마쳤다. 혼인신고를 마치면 혼인신고 접수필증을 준다. 나는 접수필증을 사진 찍어서 남편에게 카톡으로 보냈다. 우리 공식적인 부부가 됐어! 남편은 고맙다고 많이 사랑한다고 답장을 했다.

남편은 그 이후로도 두고두고 나 혼자 혼인신고를 하게 했다며 미안해했다. 남에게 폐 끼치는 것을 극도로 싫어하는 성격인데, 자기가 아파서 날 고생시킨 것 같아 마음에 걸리나 보다. 오히려 나는 아무렇지도 않았다. 아니, 같은 날 혼인신고 하러 온 부부가 아직도 생각나는 걸 보면, 새빨간 꽃으로 장식된 포토존이 머리에 남아 있는 것을 보면 완전히 괜찮지는 않았나 보다. 그래도 이까짓 게 뭐 그리 힘든가 싶었다. 남편이 아프니 많은 것들에 의연해진다.

보호자의 하루

보호자의 하루는 바쁘다. 간이침대에서 쪽잠을 자다 보면 새벽 2시, 새벽 6시에 간호사 선생님이 들어오신다. 간호사 선생님은 침대 커튼을 걷고 링거액을 확인한다. 자는 남편을 깨워 기립 심박수를 체크한다. 나도 자다가 깨서 남편의 혈압, 심박수를 같이 확인한다. 머리맡에 둔 공책에 남편의 혈압과 심박수를 같이 적는다.

간호사 선생님이 나가시고 남편은 화장실을 간다. 남편에게 플라스틱 소변 통을 건네준다. 남편이 소변을 받아서 나에게 건네준다. 우유 통처럼 생긴 하얀 플라스틱 통에 담긴 소변이 노오랗다. 나는 저녁 7시든, 새벽 3시든 남편이 화장실을 갔다 오면 소변 통을 받아 들고 차트에 소변량을 적는다. 500cc인지, 700cc인지 눈금을 확인한다. 독한 약을 쓰기 때문에 신장 기능이 망가질 우려가 있어 배출하는 소변량을 항상 적어야 한다. 그래서 소변이 많이 나올수록 기분이 좋다.

 간식을 먹다가도 남편이 화장실을 다녀오면 소변 통을 받아 든다. 막 화장실에서 나온 소변 통은 뜨끈하다. 배출량을 확인한 후에는 가지고 나가 병실 밖 간이 화장실에서 소변을 버리고 통을 씻는다. 처음에는 남의 오줌을 어떻게 받아서 확인하나 싶었는데 하다 보니 무감각해졌다. 오히려 소변 통을 가득 채울 때에는 대견하기까지 했다. 제대로 환자 보호자가 되어가고 있었다.

 아침 7시 30분쯤 되면 아침식사가 온다. 병실에서 지낸 밤이 편할 리는 없다. 아침인가 싶을 때 복도에서 덜컹거리는 카트 소리가 난다. 배식카트다. 아주머니가 카트에서 남편의 식사를 날라다가 병실 침대로 가져다주신다. 나는 자고 있는 남편을 깨우고 아침을 먹으라고 알려준다. 남편이 무엇인가를 먹을 때면 나도 같이 먹어야 한다. 그래야 나머지 시간에 남편을 지켜볼 수 있기 때문이다.

 냉장고에서 두유, 과일 또는 햇반이나 죽 등을 꺼내서 남편 앞에 앉아서 먹는다. 하지만 먹는 것도 그냥 먹을 수만은 없다. 나도 밥을 먹으면서 동시에 남편이 뭘 얼마나 먹는지도 확인해야 한다. 소변량을 체크하는 것과 같은 맥락이다. 남편의 식판을 보면서 호박볶음 2분의 1 공기, 밥 4분의 3 공기, 오징어무국 2분의 1 공기, 후식 딸기 3개 등 뭘 얼마나 먹었는지 적는다.

지금 생각하면 소름이 돋는 일이다. 반대로 생각해 보면 참 별일이다 싶다. 남편이 날 따라다니면서 내가 화장실에 다녀올 때마다 내 소변 통을 건네주고, 남편은 그걸 또 체크하고 물은 몇 ml 마셨는지 적는다고 생각하면 괜스레 멋쩍어진다. 하지만 뭐 환자니까. 민망하긴 하겠지만 남편도 군말 없이 날 간병해 줬을 것이다.

아침을 먹고 나면 간호사 선생님이 아침 약을 가져다주신다. 화장실을 한 번 정도 다녀오고, 소변 통을 받아서 체크하고 통을 씻고 간이침대에서 잠깐 쉰다. 한두 시간 후, 교수님 회진이 시작된다. 회진시간은 짧으면 30초, 운이 좋으면 3분이다. 병동에 가만히 있으면 교수님 일행이 오는 소리가 난다. 템포가 빠른 대여섯 명의 구둣발 소리. 우리는 누워 있다가 교수님이 오셨다고 하면 벌떡 일어나 침대를 정돈한다. 이불도 개어놓고, 물어보고 싶었던 것을 적어놓은 노트를 꺼내 든다. 회진은 병실 순서대로 차례로 이루어진다. 한 병실 내에도 담당 교수님이 다른 경우가 많아서 교수님은 해당 환자들의 베드 앞에 와서 상태를 물어본다.

이때부터 어떻게든 빨리 나가려는 교수님과 하나라도 더 물어보려는 보호자 간의 소리 없는 싸움이 시작된다. 체감상 교수님 팀이 한 병동을 도는 데 걸리는 시간은 10분 이내인 것 같다. 아마 여러 병동을 동시에 돌아야 하기 때문에 그런 것 같다. 한 병동에 10분 이내이기 때문에 환자 한 명당은 20초도 되지 않는 것 같다.

"좀 어떠신가요?"

"어제보다 좋아진 것 같아요. 어지러운 것도 좀 덜하고… 그런데 음식이 잘 넘어가진 않네요."

"힘드셔도 식사 많이 하셔야 해요. 그럼…"

보통 질문 하나, 답변 하나면 회진이 끝나간다. 그나마도 답변을 하고 있는 주치의 선생님의 몸이 출구를 향해 반쯤 나간다. 다급하다. 나가려는 의사 선생님의 뒤통수에 대고 꾸역꾸역 물어본다.

"입맛이 없는지 밥을 3분의 1도 안 먹어서요. 혹시 홍삼은 먹어도 되나요?"

"드시면 안 됩니다."

"일어나면 많이 어지러워하고 거의 걷지를 못합니다."

"초반에는 그럴 수 있어요."

"지난번에 검사한 MRI 결과는 괜찮은가요?"

"김 선생, 이따 설명드리세요."

질문을 서너 개 하면 성공이다. 그나마도 긴 답변은 들을 수가 없다. 수강신청 하는 대학생의 마음으로 회진시간 10초 안에 최대한 많이 물어봐야 한다. 그 시간이 끝나면 다음 날 회진까지 24시간을 기다려야 하고, 운이 나빠서 주말이 걸리면 며칠은 기다려야 다시 교수님 얼굴을 볼 수 있기 때문이다. 운이 좋아 궁금한 걸 다 물어보기라도 하면 며칠 묵은 체증이 내려가듯 미션을 완수한 기분이 든다.

그렇게 1분 1초를 다투는 교수님 회진이 끝나면 한숨 돌린다. 교수님이 대수롭지 않게 하는 한두 마디에 남편의 그날 기분이 좌지우지된다. 하루는 남편이 "치료 잘 받으면 좋아지나요?"하고 물었는데 "글쎄요, 두고 봐야죠." 하는 교수님의 한마디에 남편은 하루 종일 우울해한 적이 있다. 교수님의 표정이 어두웠다는 것이다.

남편도 평소에 환자를 치료하는 입장에서, 특이사항이 없으면 며칠이면 괜찮아질 것이라고 말해주는데, 저렇게 아무것도 알 수 없다고 말하는 걸 보면 본인의 상태가 아주 안 좋은 것이라고 짐작했던 것이다. 반대로 어느 날은 교수님의 기분이 좋으신지 1분도 넘게 회진을 하고 농담도 했을 때가 있다. 그런 날은 남편의 기분이 더없이 좋아진다. 교수님에게는 10초에서 1분 남짓한 회진시간이지만, 환자와 보호자에게는 24시간을 결정하는 시간이기도 하다.

그렇게 하루의 가장 중요한 일과인 회진시간이 끝나면 점심시간이다. 아침을 먹은 지 얼마 안 된 거 같은데 다시 점심이다. 밥을 먹고 약을 먹인다. 화장실을 다녀오고 소변 통을 받는다. 정맥주사를 다 맞아갈 때쯤엔 간호사 선생님을 부른다. 오후엔 친구들이 면회를 오거나 남편은 잠을 잔다. 또다시 저녁시간이다. 저녁을 먹고 약을 먹인다. 남편과 이야기를 하거나 뇌염 관련 논문을 읽고, 가이드를 공부하다가 잠이 든다.

병원에 있으면 세상이 멈춘 것 같다. 아침에 눈 뜨면 똑같은 병실

풍경, 비슷한 약품 냄새. 건조하고 버석거리는, 어딘지 퀴퀴한 냄새와 알싸한 알코올 소독제의 향. 매일이 똑같은 지루한 싸움의 연속. 그 누구도 나에게 전쟁이 끝나간다고 이야기해 주지 않는다. 하지만 어제보다 더 웃어주는 남편, "굿 나잇."이라는 남편의 말 한마디에 나와 어머니는 눈동자가 커지고 함박웃음을 짓는다. "원래 자주 하던 말이야, 그치? 너무 좋다!" 나와 어머니는 조용히 호들갑을 떤다. 남편이 아프기 전에 하던 행동을 할 때마다 세상을 다 가진 듯 행복하다.

병실 쇼핑

병실에 있다 보면 재미있는 일도 생긴다. 6인실에서 2인실로 옮길 일이 있었는데, 이게 아주 재미있다. 부동산을 보러 다니는 것과 같다.

한 병동에는 병실이 대략 10개쯤 된다. 6인실 4개, 2인실 4개, 1인실 2개 정도 된다. 병실을 옮기고 싶다는 의사를 밝히면 대기자 명단에 넣어놨다가 퇴원환자가 생기는 대로 병실을 옮긴다. 수간호사가 이 권한을 담당한다. 수간호사를 따라 병실을 둘러본다.

"이 4호실은 창이 커서 채광이 아주 좋아요. 화장실도 이쪽에 있어서 동선도 아주 편하죠. 하지만 중환자가 있어요. 밤에 잘 때 기계음 때문에 시끄러울 수 있어요."

병실을 보는 조건은 2인실을 기준으로 약 두 가지로 나눌 수 있다. 베드의 위치와 룸메이트다. 베드는 무조건 안쪽이 좋다.

먼저 베드의 위치에 대해 알아보자. 보통 2인실의 경우 문을 열고 들어오면 첫 번째 베드가 있고 가운데 커튼이 있으며 이를 지나면 두 번째 베드와 창문이 있다. 첫 번째 베드는 출입문과 가깝다는 장점을 제외하면 단점만이 존재한다. 복도와 가까워서 시끄럽고, 안쪽 베드의 보호자와 환자가 지나다니는 길목이라 사생활이 부족하다.

두 번째 안쪽 베드의 장점은 프라이버시가 보장된다는 점과 창문 쪽을 거의 단독으로 쓸 수 있다는 점이다. 단점은 화장실이 가까워서 첫 번째 베드의 환자가 화장실을 들락거리고 세면대를 쓰는 모습을 봐야 한다는 것이다. 하지만 하루에 화장실을 몇 번이나 갈까? 내가 병실 밖으로 이동하는 것과 비교하면 현저히 적다. 그래서 대부분의 환자들은 선택권이 있다면 안쪽 베드를 선택하고, 장기 입원하게 되어 안쪽 베드가 비게 되면, 즉 퇴원하면 자리를 이동한다. 병실 생활의 일종의 '짬'인 것이다.

병실을 보는 두 번째 조건은 룸메이트이다. 쉽게 표현해서 룸메이트지, 실제로는 옆 베드의 환자이다. 만약 팔이나 다리가 부러진 외과 병동이라면 룸메이트가 누구든지 크게 신경 쓸 것 같진 않다. 외상을 입은 것뿐이지 잘 먹고 잘 자고 정신은 멀쩡한 환자가 대부분일 것 같다.

하지만 신경계 병동은 다르다. 난도가 높은 편이다. 겉으로는 멀쩡해 보여도 정신이 이상하다든가, 겉으로조차 멀쩡하지 않고 코와 입에 관을 주렁주렁 꽂은 채로 침대 옆에 사람 키만 한 호흡기 기계를 달아서 24시간 기계가 소리를 내며 돌아가기도 한다. 게다가 병원이라는 특성상 중환자를 보는 것을 좋아하지 않는다. 마치 부동산과 같다. 대학생이 집을 보러 다닌다고 해보자. 전에 살던 사람이 고시나 대기업에 합격해서 나간 집을 좋아하지 않는가? 반면 이 집에 살면서 몇 달 동안 취업도 되지 않고 힘들어만 하다가 지방으로 내려간다는 전 세입자를 보면 왠지 내키지 않는 것이 사실이다.

병동도 마찬가지이다. 상태가 경증이고 곧 퇴원할 것 같은 룸메이트와 있는 것이 고령의 중증도 환자보다 선호하는 경향을 보인다. 스스로도 환자라는 것을 망각하고 상대의 병증을 보고 판단하게 되는 것이다. 왠지 야박하다고 할 수도 있지만, 생판 모르는 사람과 24시간 같이 한 공간에서 살게 된다고 생각하면 무의식중에 상대를 고르게 되는 것은 어찌 보면 당연하다고 할 수도 있을 것이다. 게다가 환자는 평소 상태가 아니라 많이 예민한 상태이다. 보호자도 마찬가지다. 선택권이 아예 없다면 모를까, 병원 생활이 일주일이 넘어가면서 어느 순간 병실에 예민해지고 병동을 지나다니다 보는 남의 병실을 흘깃흘깃 보며 우리 집(내 병실)과 비교하게 되는 것이다.

그리고 이렇게 병실을 고르는 것이 중요한 일이라는 것을 객관적으로 알 수 있는 방법이 있다. 바로 이 병실 고르기는 수간호사 고유의 영역이라는 것이다. 우리 병동의 수간호사님은 주말에는 출근하지 않았고 월~금 오전 9시부터 6시까지 출근을 했다. 한번은 우리가 2인실의 바깥쪽 자리를 쓰고 있었는데 옆 베드의 환자가 토요일 오후에 퇴원을 하게 되었다. 우리는 당연하게 안쪽 베드로 이사를 하고 싶어서 간호 스테이션에 얘기를 했지만 월요일이 되어야 옮길 수 있다고 했다. 왜 그러냐고 물으니 수간호사님이 나와야 베드 조정이 되는 거란다. 옆자리가 비어 있고 단순하게 옆 베드에 새로 침대보를 깔고 소지품만 다섯 걸음 옆으로 이동하면 끝나는 베드 이동인데 굳이 수간호사님의 월요일에 출근할 때까지 기다려야 하나 싶었지만 그게 병동의 규칙이라고 하니 따를 수밖에.

그리고 한번은 신경과 병동 내 작은 문제가 생겨 우리에게 병실을 옮겨달라는 부탁을 받게 되었다. 우리는 일주일 넘게 머무르던 2인실에서 다른 곳으로 옮겨달라는 부탁을 받았다. 그때 수간호사님을 동반한 병실 둘러보기, 부동산 용어로는 '매물 보러 가기'가 시작되었다.

우리가 갈 수 있는 병실은 두 군데였다. 한 군데는 복도의 제일 끝에 있는 병실이었다. 중환자가 창문 쪽 베드를 쓰고 있는 상태였고, 화장실은 특이하게 문 쪽에 있었다. 즉, 우리가 문 쪽 베드를 쓰면서 화장실도 가까운 곳이라 크게 이점이 없었다. 다만 안쪽을 쓰고 있는 환자는 3~4일 후면 퇴원할 거라고 하셨다. 그분이 퇴원하고 나면 우리가 안쪽 베드를 쓸 수 있는데, 다른 병실과 달리 창문이 아주 넓고 뷰도 시원한 그야말로 명당 자리였다. 수간호사님에 따르면 바깥쪽 자리에 화장실도 있어 지금은 안 좋지만 곧 안쪽 환자가 나가면 아주 좋은 병실이 될 거라 하셨다. 지금은 참고 살다가 떡상의 여지가 있는 병실이었다. 부동산 업계의 용어로 말하면 호재가 가득한 방이었다.

두 번째로 본 병실은 큰 호흡기계를 달고 있는 환자가 있는 병실이었다. 이상하게 퀴퀴한 냄새가 나고 병실도 어두침침했다. 첫 번째로 본 병실보다 좋을 게 하나도 없었다. 굳이 선택을 하자면 첫 번째 병실이었지만, 그것도 알 수 없는 노릇이었다. 이동했다가 안쪽 환자가 퇴원하지 않으면? 그러면 우리는 불편한 자리에서 계속 지내야 할 것이었다.

우리는 고심 끝에 병실 이동을 안 할 수는 없는지 다시 확인해 달라고 했다. 남편의 상태가 좋지 않기도 했고, 지금보다 안 좋은 병실로 이동하는 것은 남편이나 보호자인 우리에게 있어 좋을 것이 없는 문제였다. 남편은 병실 이동 얘기만 들어도 인상을 쓰고 듣기 싫어했다. 어머님은 남편의 상태도 안 좋은데 이런 시기에 병실을 옮겨서 좋을 게 하나 없다고 주장하셨다. 우리에게는 병동의 병상 수급 사정보다는 환자의 컨디션이 중요했다. 환자가 최대한 안정을 찾고 회복하는 것이 입원의 가장 주된 목적이 아닐까? 환자에게 배려를 요구하며 병동의 상황을 이해해 달라는 것은 원칙적으로는 맞지 않았다.

 병동에서는 좋은 사람이 되려고 노력할 필요가 없었다. 그럴 여유조차 없었다고 말하는 것이 맞을 것 같다. 우리는 아파서 입원했고, 나아서 나가는 것만이 목적이다. 단순하게 생각하면 될 것이었다. 회복하는 데 좋은가 나쁜가.

 우리는 그렇게 병실 이동을 거부했고, 수간호사에게 미운털이 박혔다. 사실 병동에서 우리에게 양해를 구하는 상황이라 거절해도 그럴 수 있는 상황이었다. 수간호사는 다음 날 아침에 우리 베드로 찾아와서 한마디를 하긴 했지만 어쩔 수 없는 것이 아닌가. 결론적으로 우리가 병실을 옮기지 않은 것은 아주 잘한 일이었다.

 후보지였던 첫 번째 병실, 즉 중환자가 며칠 내로 나갈 거라던 그 병실은 우리가 퇴원할 때까지 중환자가 나가지 않았다. 만약 우리가 그쪽으로 이동했더라면 문 쪽 자리에서, 끊임없는 소음을 내는 나이 많은 중환자와 지내야 했을 것이다. 우리는 병원의 사정을 신경 쓸 여유조차 없었다. 이 베드 이동 사건은 아직도 기억에 선명하게 남아 있다.

기억상실에 걸렸습니다

남편은 병의 후유증으로 기억상실, 미각 상실, 후각 상실, 기립성 빈맥 등이 생겼다. 병원에 입원한 첫 2주간의 기억을 하지 못했다. 전날 면회를 와서 2시간씩 떠들고 간 친구를 다음날이면 기억하지 못한다.

"자기야, 어제 승길이 왔던 거 기억나?"
"승길이? 승길이가 왔었어?"

장난치듯, 연극하듯 남편은 전날의 기억을 잊었다. 자고 일어나면 사라지는 지난밤의 꿈처럼, 남편은 그렇게 다음 날이면 아무것도 기억하지 못했다. 그래도 남편은 하루하루 좋아졌다. 2주가 지날 때쯤엔 일상 대화도 거의 가능했다. 그렇게 병원에서 3주가 흘렀고 입원한 지 22일 만에 퇴원했다.

남편의 말에 따르면 기억이 나는 것은 퇴원하기 전 마지막 일주일간이라고 한다. 그러니까 쓰러지고 나서 2주가 지난 시점이었다. 남편은 자다가 눈을 떠보니 병실이었고 아픈 데도 없는데 그저 누워 있는 것이 지루했다고 한다. 차라리 아픈 데가 없어서 다행이었고, 힘든 기억은 나만 가지고 있어서 다행이었다.

퇴원하고 우리는 세종시로 돌아가는 옵션이 없었지만, 그것은 그냥 불가능했다. 서울대병원도 자주 와야 했고, 우선 그 집에서 남편과 단둘이 있을 자신이 없었다. 다시 발작하기라도 하면 나 혼자서는 견딜 수 없을 것 같았다. 우리는 시댁으로 들어갔다. 시댁은 서울 외곽의 30년 된 다세대 주택이었다. 이미 그 집에 시부모님과 남편의 형, 동생이 살고 있는 대가족이었지만 그 와중에 우리도 방을 한 칸 차지하고 비집고 들어갔다. 남편의 형이 쓰던 방이 우리의 새로운 신혼 방이 되었다. 3평 남짓한 공간, 책상 하나, 더블 사이즈 침대 하나가 우리만의 공간이 되었다.

남편은 후유증으로 여러 가지가 생겼지만, 내가 가장 힘들었던 것은 남편의 기억상실증이었다. 남편의 뇌에 염증이 난 부분이 해마였고, 단기기억을 저장하는 곳이었다. 남편은 5년 이상 된 오래된 기억이나, 치과 시술 같은 반복적인 기억은 잘했지만 결혼식이나 신혼여행 같은 일회성 기억은 거의 잊어버렸다.

특히 남편 입장에서는 내가 여자친구였는데, 병실에서 눈을 떠보니 아내가 되어 있었던 것이다. 결혼식 날도 기억나질 않았다. 사진을 보면 분명히 자기 자신인데, 전혀 기억이 나질 않으니 남의 일 같았다는 것이다. 어느 날은 남편은 우리는 왜 아기가 없냐고 물었다. 차라리 그런 것은 귀여웠다.

더 큰 문제는, 남편이 나를 사랑했던 기억마저 잊어버렸다는 것이다. 나와 어떤 계기로 결혼을 결심하게 되었고, 어떤 감정으로 나를 사랑했는지조차 잊어버린 것이다. 나는 그저 서러웠다. 직장을 휴직하고, 남편 옆에서 3주를 병실 간이침대에서 자면서 입원생활을 버텨왔는데…

나를 기다리고 있던 현실은 쓸쓸했다. 남편에게 나는 친구보다도 못한 존재가 되어버린 것이다. 그냥, 답답하고, 억울하고, 나 자신이 안쓰러웠다.

우리 이사 가자

　시댁으로의 이사는 어찌 보면 당연한 수순이었다. 아프기 전에는 신혼집과 나의 직장은 세종시였고 남편도 세종시에서 출퇴근을 하고 있었다. 하지만 남편은 이제 일을 못 할 것이고 나는 휴직을 하게 되었다. 우리 둘 다 세종에 살아야 할 이유가 없어진 것이다.

　여러 가지 대안이 있었다. 남편은 앞으로 서울에 있는 병원을 다녀야 할 것이기 때문에 우리는 서울 접근성이 좋은 곳에 살아야 했다. 물론 세종에 계속 있을 수도 있었지만, 간병하는 동안이나 내가 복직한 이후를 생각해 봐도 무리였다. 앞으로의 가정 간병 기간 동안 만약 세종에 있게 된다면 오롯이 나 혼자 남편을 챙겨야 할 것이었다. 내가 회사에 복직을 하더라도 하루 종일 혼자 있을 남편이 걱정되었다. 남편의 고향은 서울이었고 시댁 가족들도 서울에 있었으며 친구들도 마찬가지였다. 나는 남편의 간병을 분담해 줄 사람이 절실했다. 바로 시부모님이었다.

나는 아주 많이 지쳐 있었고 남편이 또 발작하거나 하면 같이 병원으로 달려가 줄 사람이 절실했다. 내가 회사에 복직하더라도 남편의 병간호나 식사를 챙겨줄 사람이 필요했다. 그렇다. 나는 이기적이었고 누구보다 다급했다. 그래서 내 나이 또래, 아니 세상의 모든 며느리라면 선뜻 하기 어려운 결정을 내렸다. 시댁으로 이사 간다.

당시 우리는 시댁의 방 한 칸을 빌려 살고 있었다. 하지만 아무래도 좁았고, 불편해지기 시작했다. 그런데 곧 아래층 집이 이사 간다는 소식을 들었다. 시댁 아래층에 살면 내가 바쁘거나 하면 남편을 시댁에 맡길(?) 수 있고, 남편 친구들도 근처에 있어서 남편이 생활하기 훨씬 수월할 것 같았다. 물론 내가 이렇게 얘기하면 친구들은 근심 어린 표정으로 묻는다.

"시댁 아래층이라니, 너 정말 괜찮겠어?"

나는 친구들의 우려도 이해했다. 보통의 며느리라면 아이도 없는 상황에서 정신이 온전한 이상, 시댁 아래층으로의 이사를 그것도 남편보다 먼저 제안하는 일은 없을 것이다. 시댁이 아무리 좋다고 하지만 시댁이 좋은 것과 아예 이사를 가서 한 건물에 사는 것은 별개의 문제이다. 하지만 나는 정말로 괜찮았다. 남편이 아프기 전이었다면 상상도 할 수 없는 일이었겠지만 지금은 아니다. 남편이 아프고, 나는 도움이 필요하다. 나는 빠르게 인정했다.

시댁으로 이사를 위해서는 세종시에 전세 기간이 남아 있는 집도 부동산에 내놔야 할 것이고, 이사업체도 불러서 신혼가구, 가전을 다 들고 이사도 해야 할 것이고 일이 만만치 않을 것이었다. 전세 기간이 끝날 때까지 이사를 가지 않고 세종시에 그대로 사는 옵션도 있었다. 친정이 세종시였기 때문에 어머니의 도움을 받을 수 있을 것이었다. 나는 편하겠지만, 남편은 아닐 것이다.

큰 병을 앓고 회복하는 동안 남편 입장에서는 장모님이 하루 종일 와 계시는 것보다 아빠, 엄마의 간병을 받는 것이 회복에 도움이 될 것 같았다. 반대로 생각하면 쉬웠다. 내가 죽음의 고비에서 살아 돌아왔는데, 연고도 하나 없는 곳에서 시부모님의 간병을 받는 것보다 친정집에서 회복하는 것이 당연했다. 지금은 나만 생각할 상황이 아니었다.

시댁 근처로 가면 내가 조금 힘들겠지만 남편은 편할 것이다. 내가 조금 힘든 것보다 남편이 편하고, 잘 회복할 수 있다는 점이 더 크게 다가왔다. 세종에 살면 나는 편하고, 남편은 불편하다. 서울에 살면 나는 불편하고, 남편은 편하다. 어디에 살든 한쪽이 희생해야 했고, 서울에 살면 남편의 회복과 통원치료도 수월했다. 그렇다면 내가 희생하는 것이 더 효율적이다. 나는 그렇게 판단했다.

결혼한 사람들 사이에 이런 말이 있다. 친정은 차로 20분, 시댁은 차로 2시간 거리에 사는 것이 제일 좋다고. 나도 머리로는 알고 있었지만 내가 자진해서 친정은 2시간, 시댁은 1분 거리로 가겠다고 손을 든 것이다. 나는 나를 잘 달랬다.

'지금은 남편이 아파, 우리 지금은 비상 상황이야. 일단 남편 회복하고 나서, 그때 어디서 살지 다시 생각하자.'

요즘 시대에 연락도 없이 현관 비밀번호를 열고 들어오는 시어머님은 없을 것이다. 나는 시어머님을 믿었다. 우리 시어머님은 그럴 분이 아니셨다. 보통의 남편들이 할만한 말을 내가 먼저 꺼냈다. 그리고 설령, 좀 오시면 어떤가. 오신다 해도 우리 집 냉장고에 반찬을 넣어주실 분들이지 설마 우리 집 냉장고에서 반찬을 꺼내 가실 분들인가. 나는 이런 고민을 할 정도로 여유 있지 못했다. 아주 최악의 경우, 시어머님이 마음대로 드나들며 반찬을 더 넣어주신다? 이건 아무것도 아니다. 오히려 시어머님 덕분에 남편이 더 잘 회복한다면 아무 일도 아닌 것이다. 그렇게 나는 시댁으로 이사 가기로 마음먹었다.

잘 다니던 직장, 건강하던 남편, 평온한 날들이었다. 하루아침에 나와 남편은 직장을 그만두고 수입이 0원이 된다. 신혼집이었던 34평짜리 신축 아파트를 버리고, 엘리베이터도 없는 30년 된 빌라로 이사를 간다. 겨우 두 달 만에 일어난 일들이다. 신이 있다면, '네가 그토록 열심히 세운 계획 따위 다 없애주마.' 해버린 것 같았다. 살면서 가장 예측할 수 없는 나날들이었다.

퇴원 후 회복하기

자발적 시댁 생활

　세종시에서 서울로 이사를 결정했지만 세입자가 나가기를 기다려야 했기에, 우리는 시댁에서 두 달간 더 살아야 했다.

　시댁에는 나와 남편을 제외하고도 4명이나 더 있었다. 시아버님, 시어머님, 시아주버님, 시동생 그리고 나와 남편. 덩치 큰 성인 남녀 6명이 졸지에 한집에 살게 된 것이다. 엎친 데 덮친 격으로 코로나까지 터져서 우리 6명은 밖에서 일을 하지 않고 24시간 한집에서 부대끼게 되었다. 나와 남편은 아버님, 어머님이 쓰시는 안방을 제외하고 가장 큰 방인 시아주버님이 쓰던 방에 짐을 풀었다.

　남편의 키는 186cm, 나는 169cm였다. 둘 다 키가 큰 편이다. 웬만한 더블 침대는 작아서 신혼집에는 가로가 약 200cm인 대형 침대를 샀었다. 하지만 미혼인 시아주버님의 방에 그렇게 큰 침대가 있을 리 만무했다. 그 방에 있던 침대는 가로길이 135cm의 더블 침대였다. 베개 2개를 나란히 놓으면 끝이었다. 가구라고는 책상과 침대 하나가 전부였다. 몸을 움직일 공간도, 바닥에 앉을 공간도 없었다. 그 작은 방에 주섬주섬 내 살림을 꾸렸다. 스킨, 로션, 충전기, 헤어드라이어, 노트북, 충전기, 핸드폰 충전기, 간병 노트, 내 속옷, 내 추리닝들. 최소한으로 가져왔는데도 한 사람이 살아가기에는 너무 많은 것들이 필요했다. 그 작은 방은 순식간에 두 사람의 짐으로 가득 찼다.

34평 아파트에서 생활하던 우리는 4평짜리 방에 신혼살림을 꾸렸다. 숨이 턱턱 막혔다. 개인 사생활은 없었다. 그 방에는 항상 나 아니면 남편이 있었다. 친정엄마랑 따로 전화라도 하려고 하면 시댁 식구들이 있는 거실은 어림도 없었다. 방에 있는 남편이 거실로 나가야만 가능했다. 반대로 남편이 방에서 친구와 통화하고 있으면 나는 남편의 프라이버시를 지켜주기 위해 강제로 거실에 나가 있을 수밖에 없었다. 거실에도 항상 시댁 식구들이 북적거렸다. 원래 집에서도 혼자 책 읽고 요리하고 쉬는 것을 좋아하는 나에게 시댁 생활은 광화문 사거리 한복판에 놓인 통 유리집에서 생활하는 것과 같았다. 숨이 턱턱 막혔다. 나의 취미생활이랄 것은 아무것도 없었다.

그럼에도 불구하고 4개월의 시댁 생활을 견딜 수 있게 해준 것들이 몇 가지 있었다. 그중 하나는 산책이었다.

우리는 아침, 저녁으로 2시간씩 산책을 다녔다. 3월 초에는 추워서 두꺼운 패딩을 입고 걸었다. 나뭇가지들은 앙상했다. 마치 메말라 죽은 것 같았다. 하지만 매일 시간이 가고 날씨가 1도씩 따뜻해질수록 메마른 앙상한 가지 끝에서 하나둘 움트는 작은 초록색 이파리들은 그 자체로 경이로웠다. 연녹색 몽우리가 먼저 비집고 올라오고 뒤이어 콩알만 한 꽃봉오리들이 돋아났다. 매일 바뀌는 풍경은 벅찬 감동을 주었다. 시커멓고, 갈색투성이의 겨울 산에서 가장 먼저 피는 꽃이 산수유라는 것도 처음 알았다.

3월 초의 나뭇가지들은 앙상하다. 그 사이에 노오란 좁쌀 모양의 산수유꽃을 발견하면 그렇게 기쁠 수 없었다. 산수유꽃은 처음에는 좁쌀 모양이다가 하루하루 지나갈수록 알알이 꽃들이 각자 터져 나와서 만개했다. 시아버님은 산수유꽃과 생강나무꽃의 차이를 알려주셨다. 산수유꽃과 생강나무꽃은 거의 똑같이 생겨서 구별이 어렵다. 하지만 나무 모양을 보면 알 수 있었다. 산수유나무는 줄기가 매끈한데 생강나무는 줄기가 거칠고 우툴두툴했다. 생강나무는 꺾어진 나뭇가지에서 생강 향도 난다고 하셨다. 살면서 처음 안 사실이었다.

산수유꽃을 보고 감탄하다 보면 어느 날부터인가 매화꽃이 피기 시작했다. 처음에는 벚꽃인 줄 알았다. 하지만 3월 중순이었고, 내 기억에 벚꽃은 대학생들의 중간고사 시험기간인 4월 초였다. 아직 벚꽃이 피기에는 일렀다. 하지만 꽃은 희고 화려했고 영락없는 벚꽃 모양이었다.

처음에는 벚꽃 아니야? 하고 넘어갔다. 하지만 매일 산책을 할 때마다 궁금했고 결국은 인터넷에 벚꽃과 매화의 차이점을 검색하기 시작했다. 벚꽃은 꽃잎 끝이 하트모양으로 갈라져 있고 매화꽃은 갈라짐 없이 둥글다. 벚나무는 나무 기둥에 가로줄 무늬가 겹겹이 나 있고 매화꽃은 아니다.

꽃을 보고 있노라면 마음이 차분해졌다. 남편의 병도, 시댁에서의 삶도 다 부질없게 느껴졌다. 나는 이렇게 힘든데 꽃은 내 속도 모르고 피어난다. 계절이 바뀌고 있다. 시간이 지나면 물 흐르듯 흘러가는 자연 앞에서 내 고민은 너무나 작게 느껴졌다. 그래서 나는 위로를 받았다. 시간이 지나면 다 괜찮아질 것이다. 겨울이면 죽은 것처럼 보이는 앙상한 가지에도 결국은 봄이 오면 이렇게 예쁜 매화꽃이 피지 않는가. 지금 겪고 있는 이 힘든 시기도 시간이 지나면 다 괜찮아질 것이다. 다 괜찮아질 것이다. 나는 꽃을 보면서 나를 위로했다.

시댁 생활의 두 번째 위로는 시어른들이었다. 남편이 아프기 한 달 전, 시아버님과 시어머님은 이른 은퇴를 하셨다. 집에 있는 시간이 많아지신 것이다. 그동안은 1년에 한두 번, 명절마다 찾아오는 평범한 며느리였다면 이제는 24시간 상주하는, 그야말로 매일 얼굴을 맞대는 가족 구성원이 되었다.

만약 대부분의 집과 같았더라면 아침 일찍 시어머님이 일어나 식사 준비를 하셨을 것이다. 그러면 나도 매일 일찍 일어나 주방일을 거들었어야 할 것이다. 그 정도는 눈치가 아니라 예의였다. 예의라 해도 쉽지 않았을 것이다.

하지만 우리 시댁은 달랐다. 아침잠이 많은 시어머님 대신 시아버님이 주방일을 도맡아 하셨다. 시아버님은 매일 아침 7시에 일어나 청소기를 돌리고 1층 텃밭에 내려가 직접 키우신 상추와 케일 등을 따 오신다. 케일을 깨끗이 씻고 사과, 양배추 등을 잘라서 믹서기에 넣어 케일 주스를 만드신다.

전기밥솥이 아닌 냄비 압력솥을 꺼내 매일 아침 새로 쌀을 씻어 밥을 한다. 압력솥을 직접 본 지가 최소 10년은 넘었다. 전기밥솥이라는 아주 편한 전자제품에 익숙해져 있었는데, 압력솥이라니 너무 신기했다. 내가 아주 어릴 때 할머니 집에서 보던 압력솥이었는데, 시아버님은 압력솥으로 해야 밥이 맛있다며 항상 가스 불에 압력솥을 올려 밥을 하셨다. 가스 불에 밥을 올리고 냄비에 김치, 돼지고기 등을 넣어 김치찌개를 보글보글 끓이신다. 사과, 당근, 오이 등 제철과일과 채소를 먹기 좋은 모양으로 잘라서 상에 내놓는다. 그쯤 되면 8시 30분에서 9시 정도 된다.

나는 8시 50분쯤에 졸린 눈을 비비며 일어나 세수를 하고 주방으로 가서 아버님이 상 차리는 것을 돕는다. 냉장고에 있는 반찬 등을 꺼내놓고, 아버님이 새로 지으신 밥솥을 열어 밥그릇에 밥을 푼다.

가끔 찌개가 없을 때는 내가 계란프라이를 한다. 9시 10분쯤이면 아침식사 준비가 된다.

부지런하신 시아버님 덕분에 말 그대로 나는 다 된 상에 숟가락만 놓아도 되는 며느리였다. 매일 아침, 시아버님이 직접 키운 케일로 만든 케일 주스, 새로 한 흰쌀밥, 찌개, 과일과 야채 스틱 등 우리의 아침은 진수성찬이었다. 시아버님의 정성과 사랑이 느껴져서 매일 감사했다. 나는 아침 7시부터 일어날 자신이 없었다. 남편이랑 둘이 살았더라면 쉽지 않았을 아침식사였다. 시댁에서 사는 것이 힘들지 않았던 이유 중 하나였다. 우리의 아침은 매일 풍성했고, 건강식이었으며 사랑이 가득 담겨 있었다. 우리는 하루하루 치유되고 있었다.

시아버님이 부지런하고 자상하신 스타일이라면 시어머님은 화통한 여장부 스타일이셨다. 집안의 큰 결정은 시어머님 손에서 이루어졌다. 그러면서도 동시에 섬세하신 면이 있었다. 나에게 싫은 소리 한번 하신 적 없고 그저 내가 안쓰럽고 고맙다고 항상 말씀해 주셨다. 남편이 나에게 서운하게 할 때면 조용히 나를 따로 불러내어 위로해 주시고 토닥여 주셨다. 남편이 쓰러지던 날도, 병실에서 밤새 남편을 간호했던 그날도 우리는 허둥대지 않고 앞으로 어떻게 해야 할지 마음을 단단히 먹었다. 어머니와 나는 침착했고 남편의 간병을 함께하면서 전우애로 똘똘 뭉쳤다.

처음 며칠은 병실 간이침대에서 둘이 생활하며 2시간마다 교대로 쪽잠을 잤다. 3일쯤 지난 후부터는 퇴원하는 순간까지 하루도 빼놓지 않고 24시간 교대로 옆을 지켰다. 어머니도 나도 힘든 기색 한번 내보이지 않으며 작은 일에도 웃으려고 노력했다. 배려만 있다면 힘들 것이 없었다. 세상에서 그 누구보다 남편을 가장 사랑하는 두 여자였다.

시아버님이 내 시댁 생활을 편하게 해주셨다면, 시어머님은 강한 정신력으로 나를 이끌어 주셨다.

친구 좀 못 만나게 했다고
이혼이요?

　우리는 2020년 2월 말에 퇴원했는데 한창 코로나가 기승을 부리던 시기였다. 남편은 드디어 퇴원을 하니 친구들을 만나고 싶어 했다. 하지만 그 친구들은 모두 사회생활을 하고 있었고, 남편을 만날 경우 남편이 코로나바이러스에 노출될 가능성이 높아지는 상황이었다. 게다가 남편은 한 달이 넘는 투병생활로 한 달 만에 몸무게가 85kg에서 75kg으로 10kg이나 줄어 있었다. 겨우 한 달이었다. 사람이 누워서 지내다 보니 근육이 제일 먼저 빠졌다. 손을 잡아보면 손마디가 앙상했다. 두툼했던 손바닥은 홀쭉해졌다. 남편의 면역력은 약할 대로 약해져 있었다.

　하지만 남편의 친구들은 남편을 보고 싶어 했다. 미리 연락도 없이 무턱대고 우리 집 앞에 와서 전화를 했다. 지금 너네 집 앞인데 나올 수 있냐고 묻는 일들이 종종 생겨났다. 우리는 언제 어디서 발작할지 모르는 남편, 그리고 코로나바이러스에 감염될지 모른다는 걱정에 남편에게 쓴소리를 했다.

"이제 친구들 만나는 것 좀 자제해 줘. 안 그래도 코로나 때문에 가족들 모두 걱정이고, 자기 몸도 건강한 상태가 아니잖아. 자기 친구들은 지금 다 사회생활 해서 만나는 사람도 많을 텐데, 아주 만약에라도 자기가 나가서 코로나에 걸리면 우리 모두 격리될 거고 간호도 어려워질 거야. 코로나 때문에 나도 그렇고 가족들 모두 아무도 안 만나고 있잖아, 차라리 친구들한테 자기가 지금 세종시에 있어서 못 만난다고 하는 건 어때?"

남편은 약간 저항하는 태도를 보였으나 곧 수긍했다. 그날 오후 5시쯤 근처 공원으로 산책을 나갔는데, 남편의 태도가 이상했다. 저만치서 혼자 걷는 것이었다. 농담을 건네도 시큰둥하고, 내가 옆에 있는 것을 싫어했다. 나와 가족들은 남편의 기분을 풀어주려고 노력했지만 영 쉽지 않았다. 나도 어느 정도 기분을 풀어주려는 걸 포기하고 별말 없이 저녁을 먹었다. 저녁 9시쯤 됐을까, 방에서 쉬고 있는데, 남편이 들어왔다.

"놀래지 말고 들어. 엄마랑 얘기해 봤는데 아무래도 자기한테도 내 상태를 알려야 할 것 같아서."
"뭔데?"
"나 아까 산책하고 집에 돌아오는 길에 차도로 뛰어들고 싶었어."

갑자기 식은땀이 나고 관자놀이가 지끈거렸다. 심장이 빠르게 뛰었다. 차도에 뛰어들다니? 정신병이 시작되는 건가? 남편을 잃을 수도 있다는 생각에 아찔했다.

"심지어는 산책하는 중에 자기랑 이혼하고 싶다는 생각도 들었어."

심장이 쿵쿵 떨렸다. 일단 대화를 해야겠다 싶어 침착하려고 노력하며 물었다.

"왜, 왜 그런 것 같은데?"
"나도 지금은 이해가 안 되지만, 아마 자기가 아까 친구들 만나지 말라고 해서 화가 났었나 봐. 내가 하고 싶었던 일인데 자기가 못 하게 해서 화가 났나 봐. 그래서 자기가 없어졌으면 했나 봐. 나도 머리로는 이해가 되는데, 마음으로 너무 화가 나더라고. 그냥 자기가 꼴도 보기 싫고, 내 감정을 주체할 수가 없었어."

뇌에 염증이 생기니 감정조절이 안 되고 충동이 드는 것이었다. 성격 변화도 올 수 있다고 했는데, 이런 것일까 싶었다. 아, 남편은 환자였다. 하고 싶은 것을 못 하게 했을 때 일반인이라면 수긍하겠지만 남편에게는 강한 제재와 억압으로 다가왔던 것이다. 코로나가 위험하니 당분간 친구들을 만나지 말자는 말이, 나와 다른 가족들에게는 너무나 당연했지만 남편에게는 아니었다. 곧이어 시어머님도 방에 들어왔고 우리는 한참 동안 이야기를 했다.

이후로부터는 남편에게 하는 말과 행동을 더 신경 썼다. 남편은 아직 회복 중인데, 우리만 다 나았다고 생각했던 것이다. 겉으로는 멀쩡해 보여서 괜찮을 것이라고 계속 생각했던 것 같다. 지금은 웃으며 떠올리지만, 남편이 차도에 뛰어들고 싶었다고 말했던 걸 생각하면 아직도 등골이 서늘하다. 후에 외래진료에서 교수님께 말씀드리니 너털웃음을 지으셨다.

"이혼이요? 친구 좀 못 만나게 했다고?"

우리는 쓰게 웃었다. 그렇게 우리는 씁쓸한 봄을 보내고 있었다.

플라토닉은 없어

퇴원 후 두 달이 지났다. 나는 시댁 생활을 계속하고 있었다. 남편의 건강은 조금씩 호전되고 있었다. 맛은 여전히 느끼지 못했고, 기억상실은 아주 천천히 돌아오고 있었다. 코로나는 갈수록 심해졌고, 집에 갇힌 나와 남편, 그리고 시댁 식구들은 강제 격리생활을 지속했다. 다 큰 성인 6명이 지내기에 집은 비좁았고 사생활은 부족했다.

점심을 먹고 각자 자유시간을 갖는다. 그런데 언젠가부터 남편이 내가 있는 곳을 꺼리기 시작했다. 작은 방, 작은 침대에 내가 누워서 핸드폰을 만지작거리고 있으면 남편이 방문을 슬쩍 열어서 나를 본다. 그리고 내가 안에 있는 것을 확인하고는 같이 들어와서 대화를 하는 것이 아니고 다시 방문을 닫고 나간다. 안에 있는 사람으로서 기분이 좋지 않다. 아니 더럽다.

심지어 산책을 나갈 때도 손을 잡는 것을 싫어했다. 아프기 전에는 길을 걸을 때면 손을 잡거나 팔짱을 끼거나 이도 저도 아니면 내 어깨에 손을 올려놓고 가던 남편이었다. 하지만 어느 순간부터 내가 손을 잡으면 슬그머니 놓는 것이었다. 내가 "왜? 손 잡기 싫어?" 하고 물으면 "그냥 좀 불편하잖아."라고 말을 맺는 남편이었다. 나는 머쓱해져서 땅을 바라보고 걸어간다. 나도 그런 남편이 어색하다. 차라리 시어머니와 대화하는 게 편할 지경이었다.

심지어 남편은 밤에 나랑 자는 것을 불편해했다. 원래 집에서는 가로 길이 200cm의 큰 침대에서 생활했지만 이제는 가로길이 135cm의 작은 침대에서 같이 자야 했다. 게다가 남편은 자면서 자주 뒤척였고, 굴러다녔다. 우리는 한껏 침대의 양 끝 모서리를 끌어안고 잠들었다. 뒤척일라치면 어깨가 닿아서 설핏 잠에서 깨곤 했다. 남편은 종종 불편해했다. 나도 불편했다. 그렇게 두 달이 넘어갔다. 매일 잠자리는 불편했고, 잠을 설쳤다. 하지만 방법이 없었다.

이런 날들이 반복되다 보니 서러움이 폭발했다. 나는 잘 다니던 회사도 그만두고, 잘 지내던 아파트도 내놓고 시댁으로 들어와서 남편이 회복되기만을 바라며 자발적 시집살이를 하고 있었다. 남편이 나에게 고마워하는 것은 바라지도 않았다. 그런데 남편은 나를 멀리 밀어내고 있었다. 나를 이 집에서 있게 하는 원동력은 남편이었다. 그 사람의 등 하나만 보고 들어왔는데, 나에게서 등을 돌리려 하는 게 느껴졌다. 나는 생각이 많아졌다. 남편이 회복하고 나면 부부 상담이라도 받아야 하나 걱정되었다.

그렇게 남편이 나를 멀리하는 날들이 계속되었다. 나는 몸도 마음도 어느 것 하나 편하지 않았다. 그렇게 매일 시댁살이를 계속하다가 나는 친정에 내려가겠다고 선언했다. 일주일만 가 있겠노라고. 남편의 병간호도, 시댁살이의 불편함도(물론 잘해주시지만 내 집만큼 편할 수는 없다. 편해서도 안 되고) 다 지겨워졌다. 나는 남편 하나 믿고 올라와 있는데, 남편이 날 외면하니 답이 없었다. 동아줄 하나 잡고 있었는데 그 동아줄이 하루하루 썩어 들어가는 기분이었다. 나는 잠시라도 멀리 가서 내가 나로서 편하게 지내고 싶었다. 시어머님은 잘 생각했다고, 가서 푹 쉬고 오라고 차비를 쥐여주셨다. 남편도 오히려 반기는 눈치였다. 나는 이제 침대 혼자 써서 좋겠다며 농담 반 진담 반 말했다. 수서역으로 가서 내려가는 SRT에서 나는 이상하게 홀가분했다.

오송역에 도착하니 엄마가 마중 나왔다. 몇 달 동안 남의 간병만 하다가 나만 바라보는 엄마를 보니 울컥했다. 엄마 집으로 가서 엄마가 차려준 밥을 먹었다. 밥을 먹고 나서 시댁에서처럼 오늘은 누가 설거지를 해야 하나 눈치를 볼 필요도 없었다. 숟가락을 내려놓자 엄마는 나에게 일단 들어가 쉬라고 했다. 나는 주저 없이 식탁에서 일어나 방으로 갔고, 달콤한 잠을 잤다. 몇 시간이나 잔 것 같다. 남편이 밥을 잘 먹고 있는지, 맛은 얼마나 느끼는지, 약을 다 먹었는지, 심박수는 얼마인지, 열은 몇 도인지 젤 필요도 없었다. 두 달 만에 보호자 가운을 벗어놓고 편하게 잘 수 있었다. TV도 실컷 보고 영화도 봤다. 그날 밤에는 내가 좋아하는 포카칩 어니언 맛에 맥주도 한 캔 마셨다. 작은 캔이었지만 이상하게 슬그머니 취기가 올라왔다. 약간의 두통이 올라오면서 갑자기 서글퍼졌다. 결혼은 했지만, 남편이 날 사랑하지 않는 것 같다. 남편이 아파서 모든 게 멈췄는데, 그 와중에 남편은 날 피한다. 나에 대한 사랑이 이제 없어진 것일까. 다른 사람이 필요해진 것일까. 나는 이제 갈 곳이 없구나, 내가 뭘 잘못해서 이런 벌을 받나, 결혼을 괜히 했나 싶은 생각마저 들었다. 이 모든 게 장난이었으면 했지만 결코 아니었다.

그렇게 서로 떨어져서 일주일을 보냈다. 남편은 잘 지내는 것 같았고, 혼자 침대를 써서 진심으로 행복해 보였다. 잠을 편하게 잘 자니까 다음 날 컨디션도 더 좋다고 했다. 나는 웃었지만 마음 한구석이 아팠다. 그 말은 내가 같이 자는 게 불편하고, 혼자 지내고 싶다는 말로 해석되어 들렸다. 그렇게 각자 보낸 일주일의 끝에, 남편이 세종에 내려왔다. 나도 엄마 집에서 떠나 세종시의 신혼집에 갔다. 오랜만에 둘이 커다란 침대에 누워 몇 시간씩 얘기를 했다. 나는 솔직하게 말했다. 뭐가 됐든 이야기를 해봐야 했다. 나는 당신을 사랑하는데 당신은 아닌 것 같다고. 나를 피하는 게, 나를 사랑하지 않는 것처럼 느껴진다고 이야기했다. 우리는 큰 위기였다. 남편의 표정은 복잡했다. 나는 떨리는 마음으로 다음 말을 기다렸다. 남편도 사실 자기도 느끼고 있었다는 것이었다. 나는 심장이 쿵 떨렸지만 조용히 다음 말을 기다렸다. 남편은 머리로는 내가 좋은 배우자

이고, 나를 위해 많은 것을 희생하고 있고 당연히 고마워해야 한다는 것을 알지만, 그냥 딱 거기까지라고 했다. 머리로 아는 것과 가슴에서 감정이 생기는 것은 별개라고 했다. 이 모든 것을 알면서도 사랑한다는 감정이 들지 않는 자기가, 자기 자신도 너무 답답하다고 말한다. 남편의 눈은 진심을 담았고, 동시에 혼란스러워하고 있었다.

남편은 아프고 나서 인간의 3대 욕구라고 불리는 것들이 사라졌다. 식욕, 성욕, 수면욕. 맛을 느끼지를 못하니 식욕도 없고, 밤 12시가 되어도 졸리다는 느낌이 없다. 다만 그럴 때 억지로 자려고 하면 잘 잔다. 성욕 자체도 아예 없다.

우리는 서로의 감정을 확인했다. 안타깝지만 그게 현실이었다. 우리는 혹시 남편의 성욕이 없어진 것이 나에 대한 애정이 사라진 것과 관계가 있지 않을까 생각했다. 생각해 보니 딱 맞는 퍼즐처럼 맞아떨어졌다. 성욕이 없으니 이성에 대한 욕구나 필요도 없고, 와이프인 나에 대한 아무런 욕구가 없던 것이다. 그러니까 남편 입장에서 남자인 친구들은 그동안 말도 잘 통하고 취미도 같아서 만나면 할 얘기도 많고 즐겁지만, 성욕과 애정이 사라진 상태에서 나(와이프)와는 공유할 취미나 이야깃거리가 없었던 것이다. 한마디로 나는 지금의 남편에게 친구보다도 못한 존재였던 것이다.

나는 남편에게 친구 이하의 존재였다. 그렇기 때문에 손을 잡는 것이 불편했던 것이고, 같이 자는 침대가 좁아서 싫었던 것이다. 반대로 생각해 보니 이해가 됐다. 만약 나에게 이성에 대한 욕구가 없어졌고, 곁에 있는 남편이 친구처럼 느껴진다면? 아무리 친한 친구여도 하루 종일 놀고 나면 각자 집에 가서 쉬고 싶어진다. 며칠 만에 만났을 때 할 이야기가 쌓여서 즐거운 것이지, 24시간 같은 공간에 매일 있는 것은 힘들다. 아무리 친한 친구여도 항상 손을 잡고 걷기는 불편하다. 좁은 침대에서 어깨를 부딪치며 자는 것은 더욱 불편하다.

우리는 드디어 원인을 찾았다. 우리를 끊임없이 괴롭히던 종기의 원인을 찾은 기분이었다! 플라토닉한 사랑은 없다. 사랑은 에로스였다. 따라서 남편에게 성욕이 돌아오면 나에 대한 애정도 자연스럽게 되살아날 것이었다. 흔히 플라토닉이 가능하다고 하지만, 이번에 성욕이 사라진 상태에서 우연찮게 한 실험(?)에서는 에로스만이 증명되었다!

원인은 찾았고, 이제 남은 것은 시간 문제였다. 문제를 알지만 원인을 모르면 답답하다. 그 상황이 언제 끝날지 요원하다. 하지만 원인을 찾고, 해결책이 그냥 시간이 지나는 것임을 깨닫는 순간 거짓말처럼 마음이 편안해졌다. 우리는 남편이 나에게 사랑을 느끼지 않는 것이 남편의 후유증의 일종인 욕구 저하임을 깨달았다. 서로 간의 애정이 떨어지고, 부부 상담을 받아야 하나 고민했던 것과는 차원이 다른 수준의 해결책이었다.

서로가 다른 배우자를 원한다면 더 이상 부부임을 유지하는 것이 의미가 없지만, 단순히 병의 후유증이라면 이겨낼 수 있는 것이었다. 남편의 후유증인 욕구 저하, 즉 식욕, 성욕, 수면욕은 시간이 지나면 해결되는 것이었다. 우리가 할 수 있는 것은 없었다. 그저 편안하게 마음먹고 매일 건강하게 살아가는 것뿐. 원인도 찾았고, 방법도 찾았다. 무엇보다도 원인을 찾아서 기뻤다. 원인도 모르는 상태로 지내는 것이 가장 힘들었다. 우리에게 방법은 기다림이었다. 시간이 약이었다. 우리는 퇴원하고 처음으로 스트레스 없이 푹 잘 수 있었다.

매일 조금씩 회복하기

퇴원 후에는 규칙적으로 생활했다. 퇴원 후 한 달쯤에 남편이 차도로 뛰어들고 싶었다던 날을 제외하면 다행히도 추가적인 발작이나 감정 변화는 없었다.

초반에는 기립성 빈맥이 심해서 오래 걷지를 못했다. 기립성 빈맥이란 앉거나 누워 있을 때 비해 일어서면 심장박동이 2배 이상 빨라지거나 분당 100회 이상 뛰는 것을 말한다. 일반인의 심박수가 분당 60~80이라고 하면 남편은 일어나면 분당 120회를 찍었다. 남편은 헤르페스뇌염의 후유증으로 자가면역계 질환이 추가로 생긴 것이었다. 면역체계가 남편의 심장박동을 정상적으로 컨트롤하지 못한 것이다.

남편은 매일 아침 약과 저녁 약을 먹어야 했다. 덕분에 백수인 우리는 비교적 규칙적으로 생활했다. 아침 9시면 일어나서 아침식사를 하고, 남편은 피곤해서 다시 잔다. 1시쯤 점심을 차려서 먹고 옷을 챙겨서 산책을 나간다. 2시간 정도 걷고 들어와서 조금 쉬다가 7시에 저녁을 먹고 약을 먹는다. 우리의 매일의 일과였다.

남편은 주요 후유증 하나로 미각과 후각을 잃었다. 물론 시간이 지나면 회복할 수도 있었지만 장담할 수도 없다고 한다. 이 병의 가장 답답한 부분이다. 아무도 장담해 주지를 않는다. 누군가가 "6개월 후면 '보통' 미각이 돌아와요."라고 말해준다면 얼마나 좋을까. 희귀병이어서 그 '보통'이라는 통계를 낼 수가 없는 것이었다. 미각이 돌아오는 사람도 있고 돌아오지 않는 사람도 있다.

남편은 퇴원 후 바로 다음 날 처음으로 "짠맛"을 느꼈다. 아침식사에서 시아버님이 김치찌개를 끓이셨는데, 한 숟가락 맛보더니 "어? 짠데?" 하는 것이었다. 같이 아침식사를 하던 나와 시어머님은 너무나 기뻤다. 눈물이 날 것 같았다. "짠 게 느껴져?" 다들 흥분해서 한마디씩 거들었다. 남편은 너무나 맛있게 식사했다.

기쁨이 큰 만큼 실망도 큰 법. 그날 점심식사부터 다시 맛을 못 느끼기 시작했다. 김치찌개 국물을 먹으나 맹물을 마시나 같은 맛이란다. 병을 이겨내는 과정은 실망을 극복하는 과정과도 같다. 뭐든 마음대로 잘 되질 않지만 그 과정에서 괜찮다고 씩씩하게 마음먹는 것이 무엇보다 중요하다. 아침에 짠맛을 느꼈기에 벌써 미각이 돌아왔구나 하고 기뻐했다. 하지만 다시 맛이 느껴지지 않았을 때, 너무 실망하지 않고 시간이 지나면 괜찮아질 거라고 씩씩하게 마음먹는 것이 중요하다.

1년이 지나고 남편은 미각의 20% 정도만 느끼고 있다. 남편은 원래 미식가에 가까웠다. 콜라와 사이다 맛 정도는 쉽게 구분해 내고 내가 찌개를 끓이면 액젓으로 간을 했는지, 간장으로 간을 했는지 맞히는 사람이었다. 먹는 것도 좋아해서 신혼여행 때는 스페인과 포르투갈의 맛집을 찾아다니며 먹는 것을 큰 기쁨으로 여기는 사람이었다. 그런 남편이 갑자기 하루아침에 미각을 잃었다. 생각할수록 어이없고 황당했지만 이제는 꽤나 의연해지고 있다. 다행인 건 먹는 양 자체가 줄지는 않았다는 것이다. 배고픔을 못 느끼지만, 막상 밥을 먹으면 그럭저럭 잘 먹는 편이다. 아주 다행이다.

나는 당신의 대장금

남편은 배고픔을 잘 못 느낀다. 병의 후유증 중 하나이다. 점심을 먹고 6시간, 7시간이 지나도 배고프다는 생각을 거의 못 한다. 내가 항상 남편과 같은 시간에 밥을 먹기 때문에 내가 남편의 배꼽시계다. 남편은 밥 먹은 지 5시간이 넘어가면 스스로가 아닌 나한테 묻는다.

"자기 지금 배고파?"
"아니?"

그러면 남편도 아직 배가 안 고픈 것이다. 1시간이 지나면 또 묻는다.

"지금 배고파?"

"응 배고프네. 밥 먹을까?"

나는 배꼽시계 역할뿐만 아니라 대장금 역할도 한다. 냉장고에 넣은 지 며칠 된 음식이 상했는지 먹어보는 것도 나의 역할이다. 남편은 맛을 느끼지 못하기 때문에 상해서 시큼한 맛을 구분할 수 없다. 내가 먼저 먹어봐야 한다.

그날도 시아버님이 해주신 샐러드가 4일째 되는 날이었다. 냉장고에 넣어놓긴 했어도 삶은 계란, 마요네즈, 오이 등이 들어가서 시큼시큼해질 무렵이었다. 그렇다고 시아버님의 정성이 가득 들어간 샐러드를 먹어보지도 않고 그냥 버릴 수는 없었다. 남편은 눈을 동그랗게 뜨고 나를 쳐다본다.

"이것 좀 먹어봐. 상했어? 괜찮아?"

여느 때처럼 기미상궁이 되어 경건하게 숟가락을 집어 든다. 팥알 크기로 예쁘게 자른 계란 등과 야채 그리고 마요네즈가 섞인 샐러드다. 반 숟가락을 떠서 먹어본다. 살짝 시큼하긴 했지만 그래도 상한 것 같지는 않다. 남편을 보고 끄덕인다. 남편은 신이 나서 숟가락을 들고 퍼먹기 시작한다.

남편이 먹는 모습을 보고 있으면 덩달아 내 기분이 좋아진다. 오물오물 잘 먹을 때도 좋고 맛있는 표정을 지으며 허겁지겁 먹을 때도 귀엽다. 둘이 마주 앉아 이렇게 밥을 먹을 수 있는 것이 행복이라는 사실을 절절하게 깨닫고 있다. 기미상궁이면 어떠하랴. 남편을 위해서는 평생 기미상궁도 할 수 있다. 눈을 동그랗게 뜨고 나의 허락이 떨어지기를 기다리는 남편을 보면 왠지 정확하게 맛을 봐야 할 것 같은 묘한 사명감마저 든다.

자전거,
거의 완벽한 이동 수단

퇴원하고 나서 한두 달간은 무조건 걸었다. 밥 먹고 걷는 것이 하루의 중요한 일과였다. 병을 나을 수 있게 하는 방법은 운동밖에 없었다. 강박적으로 운동했다. 그런데 매일 같은 장소를 걷자 조금씩 지겨워졌다. 물론 매일매일 조금씩 피어나는 꽃봉오리를 볼 때나 흐드러지게 만개한 벚꽃을 보고 있노라면 산책을 가는 맛이 좋았지만 슬슬 반복되는 일상이 지루해지고 있었다.

4월의 중순 무렵, 그날도 산책을 나가기 위해 운동화에 편한 옷을 입고 나왔다. 집 앞 사거리였다. 횡단보도에서 신호가 바뀌기를 기다리던 중, 갑자기 남편이 횡단보도 너머의 자전거를 가리키는 것이었다.

"우리 자전거 탈래?"

자전거라니. 평소 탈 일이 없는 이동 수단이었다. 남편이 손가락으로 가리킨 것은 서울시에서 대여하는 공영 자전거 따릉이였다. 하루 이용 요금도 1,000원으로 저렴했다. 우리는 따릉이 대여소 앞에 가서 나란히 섰다. 핸드폰으로 인증을 하고 요금을 결제한 후에 대여할 수 있었다. 퇴원 후 매일 두 발로만 걸어 다니다가 처음 접하게 된 새로운 아이템이었다.

자전거를 타고 신나게 달렸다. 걸을 때와는 느낌이 완전히 달랐다. 걷는 것에 비해 힘도 덜 들고 더 멀리 갈 수 있었다. 우리는 걸어서 30분 거리였던 산책 코스를 10분 만에 자전거로 갔다. 바람은 시원했고 두 다리는 편했다. 걸어갈 때보다는 빠르고 편했으며 차로 갈 때보다는 주변이 더 잘 보였다. 최고의 이동 수단이었다.

그 후로 우리는 매일 자전거를 탔다. 자전거를 타기 시작하니 걸어서 다니는 산책이 시시해졌다. 아프기 전에는 자전거는 시시해서 타지 않았다. 운동이 중요하지 않았다. 효율성과 편한 것만 중요했다. 어딘가로 이동할 거면 차를 탔다. 밥을 먹고 카페에서 시간을 보내거나 술을 마셨다. 하지만 아프고 나서부터는 야외에서 할 수 있는 건강한 취미생활을 찾기 시작했다. 소소한 즐거움도 크게 느껴졌다. 자전거를 타고 이렇게 빨리 먼 곳으로 갈 수 있다니. 이 좋은 걸 왜 진작 타지 않았을까.

남편은 자전거를 타고 기분이 좋을 때면 노래를 부른다. 주로 김

광석 노래를 부른다. 신나게 페달을 밟으며 김광석의 '사랑했지만'을 목청껏 부르며 달려가는 남편의 등을 바라보면 웃기기도 하면서 가슴이 뭉클해진다. 병실에 누워 있던 게 엊그제 같은데, 병동을 산책하는 다른 환자들이 그렇게 부러울 수가 없었다. 제발 우리 남편도 일어나서 산책만 할 수 있었으면 좋겠다고 생각했다. 그런데 이렇게 자전거를 타고 가는 모습을 바라보니 그렇게 감사할 수가 없다.

아프고 나서
달라진 것들

같은 사람인 듯,
다른 사람인 듯

퇴원하고 넉 달이 지났다. 남편은 정말 많이 좋아졌다. 기억상실이 아직 남아 있긴 하지만 퇴원 후부터는 80% 이상 기억한다. 아직도 결혼식이나 신혼여행을 또렷하게 기억하지는 못하지만, 의사 선생님께서 "과거의 기억은 중요하지 않다. 앞으로의 기억을 하는 게 중요하다."고 하셨기에 우리도 그 말을 믿고 있다.

아직 후각은 안 돌아왔다. 냄새를 아예 맡지 못한다. 미각은 20% 정도 돌아왔다. 짠맛과 단맛은 아주 약간 느낀다. 약간의 기억상실이 있다. 아침, 저녁으로 발작 억제 약과 심장이 느리게 뛰게 하는 약, 항염증 약, 어지러움 개선 약 등을 복용한다. 이 외에는 일상생활은 무리하지 않는 선에서 가능했다.

남편은 같은 사람이지만 달라졌다.

1) 공감능력이 향상되었다

아프기 전의 남편은 이성적인 사람이었다. 나와 만나는 7년 동안 단 한 번도 우는 걸 본 적이 없다. 아무리 슬픈 영화나 다큐멘터리를 같이 봐도 울지 않는다. 나와 심하게 싸우거나 감정이 상할 일이 있어도 울지 않는다. 반면에 나는 잘 운다. 공감도 잘한다. TV에서 슬픈 영화를 보고 있으면 나는 펑펑 우는 반면, 남편은 그런 나를 보면서 심드렁하게 대꾸한다. "저거 다 연기야. 너무 울지 마."

나는 그런 남편이 야속하기도 하고 뭐 저렇게 공감을 못 하나 싶기도 했지만 그것 또한 남편의 모습이라 굳이 바꾸려고 노력하지는 않았다. 그래도 은근히 자상한 면이 있어서 겉보기엔 까칠해도 은근히 기념일도 잘 챙기고 선물도 잘 사주는 '츤데레' 스타일이었다. 남편의 성격에 적응하는 데 4년 정도 걸렸다.

그런데 아프고 나서 사람이 달라졌다. 하루는 입원 중에 밸런타인데이가 있었다. 병실에 입원 중인 남편, 24시간 교대로 간호하는 나와 시어머니. 그런 자잘한 행사 따위를 챙길 정신은 없었다. 그런데 밸런타인데이 하루 전날, 시댁에 가는 길에 편의점을 지나는데 요란하게 초콜릿 등이 쌓여 있는 것을 보았다. 그냥 지나칠까 하다가 '그래도 하나 사봐?' 하는 마음으로 들어가 1,700원짜리 페레로로셰를 한 줄 샀다. 그리고 편의점 한구석에서 1,500원짜리 편지지를 샀다.

집으로 가서 헤르페스뇌염 공부를 하는 대신 편지를 썼다.

> 사랑하는 남편에게. 나는 지금 시댁의 자기가 없는 자기 방 책상 앞이고, 내일이 밸런타인데이라고 해서 편지를 써. 우리가 비록 지금 힘든 시기를 보내고 있지만 나는 다 잘될 거라고 생각해. 우리 결혼할 때 기억나? 아무리 힘든 일이 있어도 서로 의지하고 잘 이겨내자고 했잖아. 지금이 딱 그 시기인 거야. 우리 서로를 믿고 잘 견뎌내면 다 괜찮아질 거야. 나는 자기를 믿어. 자기도 날 믿어줘. 많이 사랑해.

한 장짜리 짧은 편지였지만 진심을 가득 담아서 썼다. 결혼식 날 결혼 서약서를 읽은 것이 몇 달 전인데, 몇 년 결혼생활을 해보기도 전에 벌써 그 힘든 날이 온 것이다. 그래도 서로를 믿으면 잘되리라는 생각에 나는 한 줄 한 줄 정성 들여 편지를 썼다.

다음 날 병원에 갔다. 남편은 누워서 "왔어?" 하고는 맞아주었다. 남편의 병상 옆에 앉았다. 선물이 있다고 하니 남편이 예쁘게 웃는다. 어제 쓴 한 장짜리 편지와 3구짜리 초콜릿을 건넸다. 남편은 급하게 편지를 뜯는다.

남편이 편지를 읽기 시작했다. 나는 편지를 읽는 남편의 얼굴을 가만히 바라보았다. 그런데 남편이 이상했다. 얼굴이 일그러지더니 갑자기 눈에서 눈물을 흘리는 것이 아닌가.

"자기야, 울어? 괜찮아?"

남편은 말 그대로 닭똥 같은 눈물을 흘리는 것이었다. 그것도 드라마에서 비련의 여주인공처럼 고여서 떨어지는 눈물이 아니라 오열에 가까운 울음이었다. 나는 살면서 처음 보는 남편의 눈물에 적잖이 당황했다. 허겁지겁 휴지를 찾아서 건네주었다. 남편이 운다.

어깨를 들썩이며 입술을 꽉 깨물고 소리 없이 오열하는 남편을 꼭 안아주었다. "괜찮아. 다 괜찮아. 더 울어도 돼." 하면서 등을 토닥였다. 그 와중에 갑자기 혈압이 너무 오르면 안 되는데 하는 생각도 했던 것 같다. 5분쯤 지났을까, 수도꼭지를 틀어놓은 것처럼 울던 남편이 진정되었다. 나는 슬쩍 물어봤다.

"자기 우는 거 처음 보네. 많이 슬펐어?"
"응. 감동적이네. 내가 지금 아프잖아. 그래서 더 울컥했나 봐."

이날을 기점으로 남편의 눈물샘이 터졌다! 남편은 〈미스터트롯〉을 보다가도 슬픈 노래가 나오면 울었다. 남편은 우는 모습을 보여주지 않으려고 했지만 나는 그 모습도 좋았다.

운다는 것은 상대방의 감정에 공감한다는 것이었다. 어려서부터 남자 형제들과 커왔고, 남자인 친구들과 주로 어울렸던 남편은 '남성성'을 드러내는 것에 익숙해져서 남의 슬픔에 공감하거나 눈물을 흘리지 않도록 노력했던 것 같다. 그런 남편이 처음으로 큰 병을 앓고, 아파보면서 세상에 공감하게 된 것이다.

원래는 내가 생리통으로 아파하고 있으면 "약 먹어."가 전부였다. 이제는 "그렇게 아파서 어떡해. 좀 쉬어. 여자들은 평생 생리하느라 너무 힘들겠어." 하며 아픔에 '공감'한다. 남편이 따뜻해졌다. 우뇌를 다쳐서인지 아니면 힘든 일을 겪고 나서 그런 것인지는 모르겠다. 그래도 남편과의 대화가 한결 즐거워졌다. 영화를 보고도 같은 감정을 느낄 수 있어서 좋다. 남편과의 시간이 좋다.

2) 경제관념이 생겼다

남편은 돈을 잘 쓰는 사람이었다. 통장에 있는 돈 말고 은행에서 빌린 돈, 즉 마이너스 통장으로 생활하는 사람이었다. 학자금 대출도 있었고 지금의 차도 마이너스 통장으로 구입했다. 나는 결혼 전부터 크게 제지하지는 않았다. 나중에 갚으면 되지 하고 나도 안일하게 생각했던 것도 있다.

하지만 아프고 나서 남편은 '돈 무서운' 줄을 알게 되었다. 원래 같으면 점심을 먹을 때 먹고 싶은 것이 있으면 "그냥 사 먹자." 하는 남편이었다. 지나가다 카페가 있으면 "가서 뭐 좀 마시자." 하고 들어가서 6,000원짜리 스무디 두 잔을 시키고 30분 만에 나오곤 했다. 그런데 아프고 나서부터는 "점심 특선이 13,000원이면 비싼 편이네?" 또는 "집 근처인데 편의점에서 음료수 하나 사서 마시자." 하고는 가격에 대한 비교를 하기 시작했다.

나는 너무 궁금했다. 아픈 것까지는 이해가 되는데, 돈을 아끼게 된 이유는 뭐지? 알고 보니 그 이유는 다소 슬펐다.

남편은 아파서 병원에 누워 있을 때 이런저런 생각을 많이 했다고 한다. 초기에 헤르페스뇌염이라고 진단을 받고 나서 자기도 인터넷으로 검색을 해봤단다. 이 병은 초기에 적절한 치료를 받지 못하면 대부분이 사망에 이르는 병이라고 인터넷에 나와 있다. 남편은 아주 만약, 그러니까 아주 만약에 자신이 죽을 수도 있다고 생각했다고 한다. 자기가 없어질 경우 남게 되는 나와 가족들 생각이 났다고 한다.

그렇게 생각해 보니 자기가 나에게 남기고 가는 것은 빚이었다. 먼저 죽어서 가족들의 마음에 상처를 남기는 것도 미안한데 마이너스 통장을 남기고 갈 자신이 너무 싫었단다.

남편은 평생 크게 아픈 적이 없었다. 나이도 젊고 건강했다. 죽음이라는 것은 아주 먼 훗날에야 다가올 어렴풋한 것이었다. 하지만 이번에 아프고 나서 처음으로 생각을 해보았다고 한다. 나에게 마이너스 통장을 갚으라고 남겨둘 자신을 생각하니 그렇게 못날 수가 없었단다.

나는 남편이 돈 쓰는 것에 한 번도 싫은 소리를 한 적이 없다. '나중에 갚으면 되지.' 하는 생각도 있었고, 젊을 때 친구들 다 놀러 가는데 남편만 돈 생각하면서 못 가는 것도 싫었다. 벌이에 비해 많이 쓰는 것 같기도 했지만 나중에 갚으면 될 거라고 생각했다. 그러던 남편이 돈 무서운 줄을 알게 되었다. 예상치 못하게 아프고 보니 세상일이 마음대로 되지 않는 것을 깨달았나 보다. 졸지에 나는 경제관념을 획득한 버전의 남편이 생겼다.

3) 나에 대한 애정이 상승했다

남편이 나를 더 좋아한다. 전에는 나와 친구들 전체가 비슷한 중요도였다면 이제는 내가 절대 우위다! 남편은 이제 어디를 가든 나를 데리고 다닌다. 친구들을 만날 때도 항상 나를 데려가서 밥을 먹거나 같이 논다. 친구들과 내가 다 같이 보내는 시간을 행복해한다.

어제는 자기 전에 이런 말을 했다. "이제는 자기가 예쁘고 안 예쁘고가 중요한 게 아닌 것 같아. 그냥 자기가 좋은 것 같아." 침대에 누워서 담담하게 천장을 바라보며 말하는 남편이 너무 좋았다.

2025년 현재

안타깝게도 1~3번 모두 실종됨.

하지만 병을 회복하는 과정에서 성격이 변한다는 부분을 그대로 적는 것도 의미가 있어 남겨놓는다.

나는 요리왕

퇴원 후 몇 달 세종시의 짐을 옮겨와서 이사를 했다. 남편은 아침과 저녁으로 약을 한 주먹씩 먹었다. 항경련제, 심박수 조절 약, 어지럼증 개선제, 항생제, 진통제, 위 보호 약이다. 공복 상태로 아침 약을 먹으면 속이 쓰릴까 봐 아침밥을 차려줬다. 그렇게 하다 보니 어느 날은 하루에 세 번이나 밥상을 차릴 때도 있었다. 눈 뜨자마자 밥 차리고, 오전에 조금 쉬고, 다시 점심 차리고, 오후에 산책 좀 하고, 그리고 나면 또 저녁을 차렸다. 휴직 중이어서 어떻게 보면 남편의 아침을 차리고 약을 챙겨 먹이는 게 나의 일이기도 했다. 그러다 보니 음식을 빠르게 하는 것이 중요해졌다.

반찬 서너 개는 기본으로 하고, 국과 볶음요리도 가장 효율적으로 하는 방법을 찾아냈다. 그렇게 나는 서서히 요리왕이 되어갔다. 남편은 아팠지만 나는 요리를 곧잘 하게 되었다. 요리를 해본 적이 없었기에 모든 요리는 나에게 있어 처음 하는 음식이었다. 하지만 레시피대로 따라 하다 보면 어느 순간 완성되어 있는 것이 요리였다. 물론 하면 할수록 공통되는 요령은 있었다. 예를 들면 불을 켜기 전에 모든 재료를 씻고 썰어 작은 접시에 덜어놓고 시작한다든가, 야채와 돼지고기 둘 다 손질해야 할 때는 도마에서 야채를 다 썰고 나서 돼지고기를 올려서 썰어야 한다든가 하는 것들이었다.

남편은 반찬 중에 진미채를 좋아한다고 말했지만 나는 한 번도 해준 적이 없었다. 친정엄마가 해준 적이 없는 반찬이라 나에게는 낯설었고, 반찬을 하는 방법은 당연히 몰랐다. 하지만 진미채를 포함한 모든 반찬은 내가 처음 해보는 것이었으므로 방법을 몰라서 안 했다는 것은 그냥 변명이다. 그냥 나에게는 낯선 반찬이었다. 딱히 좋아해 본 적도 없고, 백반집에 가면 나오는 오징어젓갈과 비슷한 느낌의 반찬이었다. 그렇게 남편의 요구를 은연중에 무시한 채 나에게 익숙한 애호박볶음, 감자채볶음, 가지볶음만을 만들던 날들이었다.

하루는 오늘 반찬을 뭘 할까를 고민하며 슈퍼에서 장을 보고 있었다. 건어물 코너를 돌아 생선 코너로 이동하려는데 '백진미'가 눈에 들어왔다. 뽀얗게 손질된 오징어채였다. 순간 머릿속으로 남편이 좋아한다고 말했던 진미채가 떠오르면서 매대에서 백진미를 집어 들었다. 묵직한 진미채는 무려 16,900원이나 했다. 애호박 천원, 감자 한 봉지 2,000원, 가지 3개에 1,000원 하는 반찬 식재료계에서 16,900원은 상당히 비싼 축에 속했다. 가격 때문에 3초 정도 고민했지만 일단 사보기로 했다.

집으로 돌아와 핸드폰으로 '진미채 만드는 법'을 검색했다.

1. 진미채를 물에 여러 번 씻고 물기를 꽉 짠다.
2. 마요네즈 1큰술을 넣어 버무린다.
3. 양념장을 만든다. 팬에 식용유 4큰술을 넣고 난 후 물 4, 간장 2, 고추장 1, 고춧가루 1, 간마늘 1, 참기름 1, 설탕 1을 넣고 바글바글 끓어오르면 불을 끈다.
4. 마요네즈에 버무려 놓은 진미채를 양념장과 섞고 올리고당 2큰술과 통깨를 뿌려준다.

끝.

진미채 두 주먹을 덜어내 요리를 시작했다. 오징어의 형태는 알아볼 수 없을 정도로 하얗게 잘 손질된 상태였다. 물에 몇 번 씻으니 물이 금방 뽀얘졌다. 진미채를 말리면서 오징어에서 나온 가루 같았다. 서너 번 물에 헹궈서 씻어낸 후 물기를 머금어 촉촉해진 진미채에 마요네즈 한 숟갈을 넣었다. 이렇게 하는 게 맞나 싶을 정도로 생각보다 잘 안 섞이긴 했지만 적당히 슥슥 비빈 후 그대로 뒀다.

양념장 만드는 건 쉬웠다. 모든 재료를 냉장고에서 꺼내놓고 분량에 맞게 냄비에 집어넣으면 끝이었다. 불을 켜고 3분 정도면 양

넘장이 끓어올랐고, 스테인리스 볼에 담아놓은 마요네즈 묻은 진미채를 냄비에 그대로 넣었다. 양념장이 너무 빨간데 싶다가도 진미채가 들어가면 흰색의 마요네즈랑 섞이면서 예쁜 진분홍색이 되었다. 마무리로 올리고당을 두어 바퀴 둘러주고 통깨도 뿌렸다. 야채를 썰고 다지고 기름에 볶고 할 필요가 없었다. 생각보다 쉬웠다.

밥상을 차리고 오늘 새로 한 진미채 반찬을 올려놓았다. 남편은 식탁을 스캔하자마자 눈이 휘둥그레진다.

"이거 진미채야?"
"응. 처음 해봤는데 맛있을지 모르겠네."

남편은 식탁에 앉자마자 진미채를 한 젓가락 집어 먹었다. 입에 넣고 우물우물 씹더니 세상 행복한 표정을 짓는다.

"진짜… 진미채가 세상에서 제일 맛있는 것 같아."
"그 정도야? 뭐 나도 맛있긴 한데. 자기 진짜 좋아하는구나."

남편은 진미채에 진심이었다. 고추장과 간장 덕에 제법 짭조름한데도 젓가락이 쉬질 않는다. 내 입맛에도 꽤나 맛있게 되긴 했다. 식당에서 몇 번 먹어봤던 진미채는 너무 딱딱하거나 질겼다. 양념은 물엿을 많이 썼는지 너무 달았다. 하지만 레시피대로 집에서 만든 진미채는 달랐다. 물에 씻은 후 마요네즈를 버무린 것 때문인지 촉촉하고 부드러우면서 적당히 쫄깃한 맛이 일품이었다. 나한테는 딱 그 정도였는데, 남편한테는 아니었나 보다. 자기는 진미채만 있으면 다른 반찬은 없어도 된단다. 찌개도, 볶음요리를 포함한 모든 요리보다 진미채가 좋단다. 집밥이 너무 좋다고 행복해했다.

남편이 좋아하는 모습을 보니 기분이 좋으면서도 한편으로는 마음이 묵직해졌다. 그렇게까지 좋아하는 반찬인데 왜 나는 한 번도 만들어 줄 생각을 안 했을까? 남편이 아프기 전 세종시에서 신혼생활을 할 때만 해도, 남편은 몇 번이나 진미채 이야기를 했었다. 하지만 위에서 언급한 이유-나에게 낯설고, 만드는 방법을 모른다-로 번번이 남편의 요구를 묵살했다. 남편은 세종시에서 먹었던 집밥을 맛없어했고, 우리는 자주 외식을 했다. 나는 퇴근하고 피곤한 와중에 된장찌개나 김치찌개를 끓였고, 반찬은 김치와 젓갈, 김 정도였다. 친정집은 반찬은 없어도 찌개 하나만 놓고 먹는 집이었기에 나도 그대로 했던 것이다.

하지만 남편의 반응은 영 시큰둥했다. 나도 그때는 이유를 몰랐다. 퇴근하고 힘들게 요리했는데 반응이 없으니 서운하기만 했다. 그렇게 먹고 싶은 음식이 있으면 남편이 직접 요리를 하면 되지 않나 생각하다가도 다시 마음을 고쳐먹었다. 내 직장을 배려해서 우리 회사 코앞에 신혼집을 얻고 남편은 왕복 3시간씩 출퇴근을 하고 있었기 때문이다. 퇴근하고 남편의 저녁상을 차려주는 것이 내가 나와 스스로 한 약속이었다.

그럼에도 불구하고 매일 열심히 차린 국, 찌개는 남편에게는 아쉬웠다. 나도 나름대로 답답했다. 매일 일하느라 힘든 와중에 집에 오면서 슈퍼에 들러 두부, 애호박 등 장을 본다. 집에 도착하자마자 야채를 다듬고 국을 끓인다. 정성 들여 끓이긴 하지만 내가 먹어도 맛이 조금 이상했다. 그래도 뭐 이 정도가 어디냐 하며 상에 내놓으면 남편은 말로는 맛있다고 하지만 영 수저 놀림이 신통치가 않다. 나는 나대로 지쳤고, 요리는 점점 나와 멀어지고 있었다. 남편의 집 나간 입맛을 되돌리는 방법을 도저히 알 수 없었다.

1년이 지나고, 이제 와 생각하니 하지만 정답은 진미채였다. 그냥 눈 딱 감고 한 번만 진미채 반찬을 했으면 됐다. 남편이 여러 번 애기했었지만 나는 듣지 않았다. 그때 진미채를 했더라면, 상황이 바뀌었을까? 남편이 집밥을 좋아하게 되고 나도 더 신나서 요리를 했을까? 그랬더라면 남편이 사 먹는 음식보다 집밥을 더 좋아하게 되었을까?

아쉬움과 미안한 마음, 허무한 마음이 동시에 들었다. 정답이 뻔하게 있는데 귀 기울여 듣지 않아서 힘들게 돌아온 것 같았다. 마치 바로 앞에 택시가 있는데 낯설다는 이유로 타지 않고서 10cm짜리 힐을 신고 1시간은 걸은 기분이었다.

진미채를 맛있게 먹는 남편을 보며 생각했다. 앞으로는 남편이 좋아하는 음식도 해주기로. 내가 좋아하는 음식은 당연히 하게 되어 있다. 나에게 친숙한 식재료, 엄마가 자주 해주던 음식은 나도 모르게 마음속의 진입장벽이 낮아져 있어 손이 잘 간다. 하지만 남편이 좋아하는 음식에는 그러지 못했다. 이제는 남편이 좋아하는 것들에 귀 기울이기로 했다. 남편의 뇌염 투병, 나의 휴직, 그리고 뜻하지도 못한 진미채가 나를 한층 자라나게 했다.

냄새를 맡을 수 없다

남편은 냄새를 맡을 수가 없다. 아마 혀의 미각 수용체는 정상적으로 감지하지만 뇌에서 미각을 느끼는 부분이 손상된 것 같다. 원래 남편은 후각에 예민한 사람이었다.

세상에는 기분 나쁜 냄새와 기분 좋은 냄새가 있다. 둘 다 맡을 수 없다는 것은 장점일까 단점일까. 흐드러지게 핀 달콤한 아카시아 꽃향기를 맡을 수 없어서 아쉽지만, 동시에 탄천 근처 하수처리장의 퀴퀴한 냄새가 나지 않는다는 장점도 있다.

우리 집에는 화장실이 2개다. 거실 화장실과 컴퓨터방에 딸린 작은 화장실이 있다. 우리는 주로 거실 화장실을 쓴다. 방에 딸린 작은 화장실은 전 세입자들도 안 썼다고 한다. 주로 문을 닫아놓기 때문에 가끔 들어가면 화장실 특유의 역한 냄새가 올라온다. 나는 작은 방 화장실을 쓰지 않는다. 하지만 남편은 상관없다. 남편에게는 냄새가 나지 않아서인지 쾌적한 화장실이다.

이번에 남편의 후각이 마비되면서 알게 된 사실이 하나 있다. 맛을 느끼는 요인의 70%가 후각에서 비롯된다고 한다. 어렸을 때 맛없는 음식을 먹을 때는 코를 막고 먹으라는 말이 있었다. 진짜 코를 막고 먹으면 음식의 맛이 느껴지지 않았다. 그때는 대수롭지 않게 여겼다. 남편은 후각이 없는 것은 크게 불편하지는 않지만 후각이 없어져서 미각을 느끼지 못하는 것이 가장 불편하다고 한다.

최근에는 남편이 좋아했던 곱창집엘 갔었다. 남편이 중학생 때부터 다녔던 오래된 맛집이다. 요즘도 평일, 주말 할 것 없이 항상 줄을 서서 먹는 곱창집이다. 남편의 기억 속에는 곱창의 맛이 어렴풋이 남아 있는데 이번에 갔더니 아무리 먹어도 그 맛이 느껴지지 않았다고 한다. 초콜릿을 먹었는데 달지 않다는 것은 어떤 기분일까. 남편이 맛을 느끼지 못할 때마다 슬프다. 그나마 다행인 점은 남편은 후각, 미각이 없을 뿐이지 먹기는 잘 먹는다.

신경과 병동에 입원해 있으면 다양한 사람들이 보인다. 주로 뇌가 아픈 사람들이 온다. 뇌염 또는 뇌졸중 환자들이 많이 오는데, 뇌가 아프다 보니 각종 조절 능력이 저하된 환자들이 많다. 그중 간혹 근육 조절이 되지 않아서 음식을 목구멍으로 넘기는 근육을 쓰지 못하는 사람들이 많다. 음식을 입안에 넣어도 그 음식을 삼킬 수가 없다. 그런 경우에는 콧줄을 낀다. 가느다란 고무호스를 코에 넣어서 커다란 주사기로 유동식을 목구멍 아래로 밀어 넣는 것이다.

먹는다는 것은 기본적이면서 너무나 감사한 행위이다. 남편은 음식을 잘 먹었다. 아프기 전에는 몸무게가 85kg였는데 병원에서 퇴원하고 재보니 한 달 만에 10kg이 빠졌다. 하루 종일 병원 침대에 누워 있었더니 온몸의 근육이 다 빠져버린 것이었다. 원래는 남편의 손을 잡으면 크고 두툼한 손바닥이 느껴졌는데 퇴원하고 나서 손을 잡으니 손바닥이 앙상했다. 손 마디마디가 가늘어졌다. 혼자 울컥했다. 그랬던 남편이 이제 83kg까지 살이 차올랐다. 다행이었다.

아프다는 것은 마음먹은 대로 되지 않아도 괜찮다고 위로하는 과정의 연속이다. 생각만큼 빨리 낫지 않아도 실망하지 않는 법을 배워야 한다. 오늘도 우리는 괜찮다. 시간이 지나면 다 괜찮아질 것이다.

꽃이 예뻐서 그래

우리는 때 이른 은퇴 후를 겪고 있다. 보통 20~30년간 바쁘게 일하고 60대 또는 70대가 되면 은퇴 후의 생활이 시작된다. 매일 정기적으로 하던 일을 그만두고 집에서 있는 시간이 많아진다. 시간은 많지만 돈과 건강은 부족하다. 젊음을 유지하기 위해 부지런히 나가서 움직인다.

나와 남편은 30대 초반에 이른 은퇴 후를 경험하고 있다. 매일 아침 느즈막이 일어나 아침을 차려 먹고 오전에는 넷플릭스로 영화를 보거나 드라마를 본다. 점심식사는 간단히 하고 오후에는 자전거를 타거나 산책을 나간다. 저녁시간에는 가볍게 동네를 한 바퀴 걷거나 넷플릭스로 마이클 조던 다큐멘터리를 본다.

시간은 많지만 돈과 건강은 부족하다. 산책하는 시간이 길어졌다. 예전에 엄마랑 산책할 때면 엄마가 끊임없이 꽃 이름을 알려줬다. 망초며 민들레며 달맞이꽃 등 길가에 피는 들꽃들. 나는 그게 잘 이해가 가지 않았다. 다 비슷비슷하게 생긴 꽃들이고 매번 들어도 잊어버렸다. 매일 다니던 길가에 핀 꽃에 눈길 한번 준 적이 없었다. 그저 출근하기 바쁘고 친구를 만나러 가기 바빴다. 꽃이야 뭐 그 자리에 피든 말든 별 관심이 없었다.

이제 산책이 일상이 되다 보니 자연스럽게 길가에 핀 꽃이 눈에 들어오기 시작했다. 같은 길을 매일 1시간 이상 걷는다고 생각해 보자. 산책이 즐거운 이유 중 하나는 걸을 때마다 조금씩 풍경이 달라진다는 것이다. 3월에는 나무의 가지가 앙상하고 들판에는 갈색의 얼어붙은 흙 사이로 잔디가 삐죽 솟아난다. 들판은 대부분 갈색이다. 매일 걷다 보면 날이 따뜻해지고 어느 순간부터 연초록빛 새싹들이 돋아난다. 갈색보다 초록색이 많아진다. 4월이 넘어가면 분홍색, 노란색, 보라색, 붉은색 꽃들이 하나둘 피어난다. 같은 길이지만 매일 다른 모습이다.

산책을 하다 보면 자연스럽게 "저 꽃 예쁘다. 꽃 이름 알아?"가 대화의 주제가 되었다. 꽃을 매일 보다 보니 그 이름이 궁금해 미칠 지경이 된다. 왜 어른들이 꽃 이름을 줄줄 외우는지 알 것 같은 시기였다. 6월이 되면 들판에 흐드러지게 피는 노란 꽃이 있다. 코스모스랑 비슷하게 생겼지만 꽃잎이 더 빽빽했다. 키는 30cm 정도 되고 진한 노란색의 길쭉한 꽃잎이 동그란 갈색 꽃 중심을 따라 빼곡하게 피어 있다.

"코스모스처럼 생겼네. 그런데 아직 6월이잖아. 코스모스는 가을에 피는 거 아니야?"
"그러게?"

처음 며칠은 이런 수준 낮은 대화가 오간다. 그러다 궁금증을 더 참을 수 없어진 사람이 결국 핸드폰을 꺼내 든다. 네이버 스마트렌즈를 켜서 꽃 이름을 확인한다. 처음 들어보는 이름, '금계국'이었다. 우리는 "우리 아무리 꽃이 예뻐도 사진은 찍지 말자. 너무 나이 들어 보여."라는 말을 자주 했다. 나도 웃으며 동의했다. "에이, 우리가 아무리 성숙해졌어도 그렇지. 꽃 이름은 외워도 핸드폰으로 사진은 안 찍을 거야." 하고 응수했다.

그날은 나 혼자 세종시에서 산책하는 길이었다. 길가에 분홍색 꽃이 피어 있었는데 바닥에 거의 붙어서 피어 있었고 꽃잎이 크고 예뻤다. 네이버에 찾아보니 꽃 이름이 '낮달맞이꽃'이었다. 낮달맞이꽃이라니, 이름이 아이러니하면서도 귀여웠다. 달맞이꽃은 밤에만 피는데 이 꽃은 낮에만 핀다고 한다. 그럼 낮맞이꽃 아닌가? 꽃도 예뻐서 나만 보고 지나치기 아쉬웠다. 남편에게도 보여주고 싶었다. 핸드폰을 꺼내서 쭈그리고 앉아서 꽃을 찍었다. 처음에는 그냥 몇 장 찍었다. 찍다 보니 이왕 찍는 거 더 잘 찍어보자는 욕심이 들었다. 아웃포커스로 꽃만 선명하게 찍어보기도 하고 가까이서 찍어보기도 했다. 제일 잘 나온 사진을 남편에게 보냈다.

"ㅋㅋㅋㅋㅋㅋ지금 꽃 찍었네."
"어쩔 수 없었어. 너무 예뻤어."
"그러게. 예쁘긴 하네. 그래도 꽃 사진을 찍다니… 우리 너무 나이 들었어. 아무리 그래도 꽃을 카톡 프로필 사진으로만 지정하지 마."
"알았어."

남편은 꽃 사진을 보낸 나를 비웃으면서도 꽃이 예쁘다는 것을 인정했다. 며칠 뒤 나는 남편과 탄천을 따라 성남 방향으로 자전거를 타고 있었다. 자전거길 왼쪽으로 화단이 예쁘게 조성되어 있었고 우리는 내려서 잠시 걸어보기로 했다.

화단을 따라 걷다 보니 가운데 연못이 있었는데, 초록색 연잎 사이에 분홍색 연꽃이 소담하게 피어 있었다. 살면서 이렇게 제대로 핀 연꽃을 처음 보았다. 감탄이 터져 나왔다.

"와 연꽃 진짜 예쁘게 폈다. 분홍색인데 투명해 보이기도 해. 너무 신기하다. 어쩌면 이렇게 예쁘게 생겼을까?"

남편과 나는 신기해하면서 꽃에 가까이 다가갔다. 그런데 옆에 서 있던 남편이 바지춤에서 핸드폰을 슬쩍 꺼내는 것이 아닌가. 186cm의 남편은 연못 앞에 쭈그리고 앉아서 무아지경으로 핸드폰

카메라로 연꽃 사진을 찍고 있었다. 나는 옆에 서서 물끄러미 그 모습을 내려다보다가 한마디 날렸다.

"자기… 지금 꽃 찍었네?"
"어?! …그러네… 우씨…"

얼마 전에 내가 카톡으로 꽃을 찍어서 보냈다고 비웃던 남편이었다. 그런 남편이 쭈그리고 앉아 연꽃을 찍는 모습이라니! 귀엽기도 하고 웃기기도 해서 한참을 놀렸다. 우리는 이제 꽃 사진을 찍는 사람들이라는 것을 인정하고 받아들이기로 했다. 예뻐서 찍는 건데 뭐 어떤가. 나이 좀 들어 보이면 어때. 그래도 우리는 마지노선은 지키기로 약속했다. 카톡 프로필 사진으로 꽃 사진만은 안 올리기로.

월급이 0원이 되면

남편이 쓰러지고 일주일 뒤, 나는 6개월 휴직을 신청했다. 휴직하는 순간, 수백만 원씩 들어오던 월급이 0원이 되었다. 대학을 졸업하고 바로 고시에 합격했기 때문에 지난 8년간 수입이 없었던 적이 없다. 하지만 통장에 꼬박꼬박 들어오던 돈이 0원이 되자 막막했다. 일단 처음 2~3개월 동안은 저축한 돈을 쓰다가 4개월이 넘어가면 마이너스 통장에서 빌려 쓸 계획이었다.

그런데 시어머님이 어느 날 나를 부르셨다.

"너희 생활비 부족하지? 이거 써라."

시어머님은 1,000만 원을 선뜻 내어주셨다. 월급 0원의 부부에게 1,000만 원은 손이 덜덜 떨릴 정도의 큰돈이었다. 감사했다. 남편은 그중 300만 원을 자기가 갖고 나에게 700만 원을 보내주었다. 700만 원 중 병원 통원치료비로 250만 원이 나갔다. 450만 원으로 6개월을 생활해야 했다. 매달 내가 쓸 수 있는 돈은 약 75만 원이었다.

남편이 아프기 전, 월급은 400만 원 가까이 되었고 나 혼자서만 매달 200만 원씩 썼다. 돈이 있을 때는 돈이 아까운 것을 몰랐다. 운동에만 매달 60만 원 넘게 쓰고, 밥 먹고, 가끔 여행 가고, 옷 사고 하다 보면 200만 원은 금방이었다. 그랬던 내가 휴직과 동시에 모든 소비생활이 중단되었다. 다니던 운동은 끊었고, 출근할 일이 없으니 옷을 살 일도 없었다.

내가 소비하는 돈은 통신비 약 5만 원, 친구를 만나 밥을 사 먹는 10만 원, 경조사비 10만 원, 남편과 나가서 밥을 사 먹는 외식비 15만 원, 그리고 식재료비 약 30만 원 정도였다. 삼시세끼 집에서 밥을 먹어야 해서 식재료를 사야 할 일이 많았다.

월급이 없어지고 나서 가장 먼저 바뀐 것 몇 가지가 있다.

첫 번째, 통신사 요금제를 변경했다. 원래 핸드폰 요금으로 매달 9만 원씩 쓰고 있었다. 요금제는 LTE 무제한으로 7만 원 정도였던 것 같다. 제한 없이 빠른 속도로 인터넷을 사용하는 요금제였다. 여기에 음악 스트리밍 서비스 정기결제 만 원과 핸드폰 보험료, 부가세 등을 합하면 8만 원에서 9만 원 사이였다. 필수적인 비용이라고 생각했고 줄일 수 있다는 생각을 단 한 번도 해보지 않았다. 그런데 월급이 없어지고 가장 먼저 한 일이 통신사 요금제 변경이었다.

통신사 앱으로 가서 요금제를 비교했다. 무제한 인터넷은 필요했고, 찾다 보니 한 달에 4GB까지는 빠른 속도로 이용이 가능하고 초과되면 낮은 속도로 무제한으로 이용 가능한 요금제가 있었다. 부가세 포함 5만 원짜리 요금제였다. 매달 만 원씩 빠져나가던 음악 스트리밍은 해지했다. 저렴한 요금제도 쓸만했다. 이렇게만 해도 매달 3~4만 원씩, 1년이면 약 40만 원씩 절약이 가능했다.

낮은 요금제를 쓴 지 5개월째 되는 지금, 큰 불편함 없이 살고 있다. 가장 많이 사용하는 카카오톡은 무리 없이 전송이 된다. 다만 사진, 영상 등을 업로드하거나 다운로드하려면 느려서 가급적 와이파이가 되는 곳에서 사용한다. 인터넷 쇼핑도 조금 답답하다. 그래도 대중교통을 이용할 경우는 지하철에서 인터넷이 잡히고, 카페나 음식점에도 대부분 와이파이 기능이 가능해서 큰 불편 없이 쓰고 있다. 사실 그렇게 따지면 데이터 사용이 필요할 때는 핸드폰을 들고 길을 걸어가는 순간이나 버스를 탄 상태인데, 그럴 때는 카톡 외에 인터넷을 쓸 일이 거의 없다. 생각보다 불편함은 적었고, 지출은 줄었다.

두 번째, 사기 전에 생각한다. 정말 필요한 물건인지, 이미 내가 가지고 있는 물건 중 대체품은 없는지 고민한다. 예전에는 '샴푸가 필요하다 → 새 샴푸를 구매한다.'였다. 나는 올리브*에서 파는 사이*스 샴푸를 사용한다. 그동안 사용해 본 샴푸들 중에 머리를 감고 나면 가장 부드러웠기 때문이다. 쓰다가 다 떨어지면 일단 올리브*에 가서 샀다.

하지만 월급이 0원이 되자 하루에 몇만 원씩 쓰는 돈이 큰돈으로 보이기 시작했다. 내가 쓰던 샴푸는 한 통에 만 2,900원씩 했다. 나는 사기 전에 일단 가지고 있던 욕실 물건들을 살펴보았다. 예전에 쓰다 남은 도* 샴푸가 있었다. 통을 들어보니 아직 70%는 남아 있었다. 이 샴푸도 나쁘지는 않았으나 나한테는 사이오* 샴푸가 더 맞았기에 손님용 화장실에 방치되어 있던 상태였다. 나는 주저 없이 남아 있던 샴푸를 집어 들었다. 일단 집에 있는 것을 다 쓰고 사야지, 당장 급한 것이 아니니. 이렇게 사기 전에 생각하는 습관이 생겼다.

세 번째, 장바구니를 이용한다. 나는 인터넷 쇼핑을 좋아한다. 특히 쿠*은 주문하기만 하면 다음 날 새벽에 문 앞으로 배송이 되기 때문에 즐겨서 주문했다. 사고 싶은 것이 있으면 바로바로 장바구니 또는 바로결제를 눌러서 샀다. 장바구니나 바로결제나 나에게는 큰 차이가 없었다. 사야 하는 물건이 하나일 경우 바로 결제, 2개 이상일 경우 각각 결제하기 귀찮으니 이럴 때만 사용하는 기능이 바로 장바구니였던 것이다. 하지만 월급이 줄고 나서 이 장바구니의 용도가 바뀌었다. 인터넷으로 사고 싶은 물건을 저장해 놓고 며칠 후에 다시 확인했다. 며칠 동안 그 물건이 없어서 불편하고, 사야 한다고 생각이 계속 난다면 그제야 결제했다. 이 습관을 통해 불필요한 충동구매를 줄일 수 있었다.

> 2025년 현재
>
> 아직도 이때의 습관이 몸에 배서
> 아직도 18,900원짜리 알뜰폰 요금제를 사용하고
> 물건을 사기 전에 집에 있는 물건을 먼저 정리하고, 꼭 필요한 물건만 최소한으로 산다. 아주 유용한 습관이다.

매일 더
좋아하고 있습니다

 남편이 아팠고, 회복에 전념하고 있다. 우리는 큰 전쟁을 치른 전우와도 같았다. 어떤 상황에서도 서로를 믿고 평생 의지할 수밖에 없는 사람임을 알게 되었다. 넉 달 전, 결혼식을 올릴 때만 해도 "어떤 일이 있어도 서로 사랑하겠습니다."의 '어떤 일'은 아주 먼 훗날의 일이겠거니 하고 생각했다. 그 '어떤 일'은 시간이 흘러 아이를 둘쯤 낳고 70살쯤에 웃으면서 "참 많은 일이 있었어."라고 하게 될 줄 알았다. 서른둘, 서른셋이 아니라.

 남편이 한창 아플 때, 나는 힘들어했다. 엄마는 나를 위로해 주셨다. 잃은 게 있으면 얻는 것도 있다는 말을 자주 해주셨다. 철없고, 여유가 없었던 나는 속으로 '그게 다 뭐야. 지금 이렇게 아픈데, 대체 뭘 얻었다는 거야?'라고 생각했다. 남편이 쓰러졌고, 나에겐 잃은 것투성이였다. 남편을 잃었고, 건강을 잃었으며 나와 남편의 직장을 잃었다. 세종시의 집을 잃고, 가까웠던 친정을 잃었다. 내가 지금 이 상황에서 뭘 얻을 수 있을지 반신반의했다.

남편은 고비를 넘겼고, 가정 간병이 시작되었다. 나와 시댁 식구들은 진심을 다해서 남편을 간호했다. 남편이 작은 농담만 해도 크게 즐거워해 주고, 맛을 느낀다고 하면 눈물이 날 것처럼 좋아했다. 이만큼 회복해 줘서 고맙다는 말을 달고 살았다. 실제로 그저 감사했다. 같이 산책을 할 수 있어서 행복하다는 말을 자주 했다. 이렇게 여유롭게 꽃을 볼 수 있어서 즐겁다고 했다.

시간이 흐를수록 나는 얻는 것들이 생겨났다. 나는 엄마의 말을 믿지 않았지만 엄마의 말은 옳았다. 늘 그랬다. 우리는 시간의 소중함, 함께 있는 것의 소중함, 그리고 일상의 소중함을 알아차렸다. 마주 앉아 한 끼를 먹는 것의 감사함을 알았다. 30대에 미리 은퇴 후의 삶을 맛보게 되었다. 이 모든 것들이 얼마나 소중한지, 얼마나 행복한 삶인지.

게다가 기대하지도 않았던 남편의 변화들은 나를 더 즐겁게 해주었다. 남편은 경제관념이 생겨서 알아서 돈을 절약하였으며, 공감 능력이 향상되어 나를 더 이해하고 따뜻한 사람이 되었다. 더불어 힘든 시간을 같이 보내서 그런지 나에 대한 사랑이 커졌다. 다른 사람인 듯, 더 좋은 남편이 되었다. 우리는 같이 보내는 시간을 진심으로 즐거워하며 최대한 많이 사진을 찍으려고 노력한다.

친정과 시댁

내가 자란 친정과 남편이 자란 시댁은 아주 다른 색깔의 가족이었다. 친정 식구들은 쿨하고 개인주의적인 성향이 강했다. 반면 시댁 식구들은 따뜻하고 가족주의적이었다. 나는 32살까지는 친정의 장점을 흡수하고, 33살부터는 시댁의 장점을 스펀지로 물을 빨아들이듯 받아들였다.

예를 들면 이렇다. 내가 밤늦게 음식을 만든다. 떡볶이다. 시간은 밤 10시. 아빠와 엄마는 이미 양치를 하고 잘 준비를 마쳤다. 내가 만든 떡볶이를 먹어보라고 권하면 아빠나 엄마는 거절한다. 밤이 늦었고 이미 양치를 했기 때문에 내일 먹어보겠다고 하신다. 나도 섭섭해하지 않고, 아빠와 엄마도 그것이 자연스럽고 편한 일이다. 반대의 입장이었어도 나는 양치를 하고 나면 엄마가 만든 반찬을 먹어보지 않는다. 내일 맛있게 먹으면 되기 때문이고, 엄마도 그

것을 이해하기 때문에 서로 상처받거나 섭섭해하는 것이 없다. 물론 바로 먹어주면 더 좋겠지만 그러면 양치를 다시 해야 하고 그에 따른 번거로움을 이해하는 것이다.

하지만 시댁은 다르다. 밤 10시든, 12시든 시아버님, 어머님은 내가 만든 음식을 기쁘게 드신다. 이미 밥을 먹어서 배가 터질 듯이 부르든지, 1분 전에 양치를 했든지 상관없다. 작은 음식이라도 즐거워하고 꼭 한 숟가락 이상 먹어보시고는 항상 맛있다고 칭찬해주신다.

물론 힘든 점도 있었다. 시댁은 위와 같은 상황이기 때문에 반대로 나에게도 비슷한 것을 기대하실 때가 있다. 나와 남편이 방금 전에 저녁을 잔뜩 먹었는데 아버님이 수육을 하셨다고 연락을 주신 것이다. 시댁 분위기에서는 먹는 것이 자연스럽다. 친정이었다면 배부르기 때문에 내일 먹겠다고 말해도 아빠나 엄마는 당연하게 받아들이신다. 시댁 어르신들은 당신들이 그렇지 않기 때문에 혹시나 내가 다음에 먹겠다고 하면 상처받으실까 봐 나는 배가 불러도 냉큼 수육 한 점을 집어 들고 맛있게 먹는다. 비록 가정환경은 다르지만 어른들에 대한 내 나름의 예의다.

어느 집이 나쁘고 좋고의 문제가 아니다. 다른 것뿐이다. 양가의 장점만 쏙쏙 담아서 나는 때로는 쿨하고 때로는 따뜻한 사람이 되는 방법을 배워가는 중이다.

복직 준비하기,
내 삶 찾아가기

2020년 2월부터 6개월간 휴직을 했다. 남편은 눈에 띌 정도로 좋아졌다. 게다가 시댁 아래층으로 이사를 와서 내가 직장에 나가도 시댁에서 챙겨줄 수 있게 되었다. 나는 슬슬 복직을 준비했다.

복직을 준비하면서 남편에게 겁을 줬다. 음식물쓰레기 버리는 방법이라든지 재활용품 내놓는 방법 등. 그동안은 내가 집에 있었기 때문에 남편에게는 웬만하면 시키지 않았는데, 이제 복직하면 남편이 해야 할 상황이 많아질 것이었다.

"음식물쓰레기는 여기 냉동실 맨 아래 칸 봉투에 넣고, 화요일, 목요일, 일요일 밤에 내놓는 거야."
"난 몰라. 자기가 좀 해줘."
"아니야. 나 이제 복직하면 자기가 해야지. 나 8월부터 없어. 알지?"

7월부터 틈만 나면 입버릇처럼 "8월에는 내가 없다."를 강조했다. 처음에는 "왜 없어, 뭐가 없어. 퇴근하고 집에 와서 해주면 되잖아." 하고 반항하던 남편도 어느 순간부터 적응하기 시작했다. 어느새 음식물쓰레기를 버리는 날이 되면 "오늘 음식물 쓰레기통 내놨나?" 하고 자기가 먼저 챙기기 시작했다. 말은 안 했지만 남편도 나의 복직을 같이 준비하고 있는 것 같아 속으로 뿌듯했다.

　복직의 가장 큰 난관은 발령지였다. 나의 회사는 세종시에 있다. 나는 공무원이기 때문에 발령이 나는 곳으로 출근해야 했다. 80% 이상의 확률로 세종으로 발령이 날 것이고 남편과는 주말부부를 해야 할 상황이었다. 물론 최악은 아닌 것이 세종시에는 친정집이 있어서 월요일 새벽에 서울에서 세종시의 회사로 출근했다가 저녁에는 친정으로 퇴근, 월요일~목요일까지 4일을 친정에서 자고 금요일에 출근 후 서울로 퇴근하면 될 것 같았다.

　물론 말은 쉽지만 두 집 살림을 한다는 것에 눈앞이 깜깜하긴 했다. 당장 출근을 하게 되면 출근에 필요한 옷을 바리바리 싸 들고 SRT를 타고 내려가야 했다. 계절이 바뀔 때마다 항상 옷 보따리를 들고 서울과 세종을 이동해야 할 것이며 화장품도 신발도 가방도 친정에 한 세트씩 더 갖다 놔야 할 것이었다.

　하지만 이런 것은 내 고민의 10%도 되지 않았다. 내 고민의 90%는 남편에 대한 나의 불안이었다. 주중에 하루 종일 큰 집에 혼자 있을 남편이 걱정됐다. 밤에 남편 혼자 자다가 무슨 일이 생기지는 않을까 불안했다. 몇 달이 지났지만 남편이 쓰러지던 날의 트라우마는 아무리 빨아도 지워지지 않는 셔츠의 볼펜 자국처럼 끈질기게 나를 따라다녔다.

물론 복직과 관련해서 남편 앞에서는 의연한 척했다. 물론 내가 세종시의 원룸에서 혼자 살면서 주말부부를 하면 나도 꽤나 힘들겠지만 나는 친정이 있다는 것이 장점이었다. 남편도 바로 위층에 아버님 어머님에 형, 동생도 있어서 외롭지 않을 것이라고 강조했다. 우리는 계속 머릿속으로 스스로를 세뇌시켰다. 괜찮을 거야, 다 괜찮을 거야.

마음의 준비를 했지만 문득문득 드는 불안감은 어쩔 수 없었다. 하루는 밤에 누워 있는데 남편이 나지막하게 말한다.

"자기 이제 복직하면, 주중에는 나 혼자 이 침대에서 자야겠네."
"그러게. 넓고 좋지 뭐. 그래도 월요일부터 4일만 혼자 자면 내가 금요일부터 올 거야."

나도 아무렇지 않은 척 남편을 위로했지만 사실은 나도 심란했다. 일반인이라면 다 큰 성인 남자가 혼자 자는 것이 뭐가 문제냐고 하겠지만 남편은 달랐다. 남편은 밤에 자다가 발작했고, 내가 발견해서 병원에 갔기에 빠르게 치료받을 수 있었다. 그동안 나한테 말을 하지는 않았지만 내가 복직하게 되면 혼자 자는 것에 대한 두려움이 있었나 보다. 남편과 입장을 바꿔서 생각해 보면 너무나 당연했다. 내가 만약 자다가 발작을 했고, 눈을 떠보니 응급실이었으며 갑자기 치사율 70%의 병에 걸렸다고 해보자. 잠드는 것 자체가 트라우마일 수 있다. 보호자 없이 혼자 생활한다는 것은 상상하고 싶지 않을 것이다. 하지만 그렇다고 언제까지나 휴직상태로 있을 수는 없었다. 복직해야 했다. 커리어 때문이 아니었다. 돈 때문이었다.

간병휴직은 휴직기간 동안 돈이 나오지 않았다. 매달 꼬박꼬박 들어오던 약 400만 원의 월급이 갑자기 0원이 됐다. 그동안 월급은 비록 스쳐 가긴 했어도 매달 22일이면 어김없이 들어오곤 했다. 돈이 없네, 얼마 못 모았네 해도 꼬박꼬박 들어오는 월급 덕분에 친구들을 만나서 밥을 사거나 학원에 등록할 때도 별생각 없이 돈을 썼다.

하지만 휴직을 하니 스쳐 가던 월급이 더 이상 들어오지 않았다. 습관적으로 핸드폰 은행 앱에 가서 계좌 잔액조회를 했다. 마치 비행기 착륙 후에 내 수화물만 나오지 않은 사람처럼 혹시나 하고 매일 잔액조회를 했다. 혹시나 들어오는 돈이 있지는 않을까, 실낱같은 희망을 안고서 확인했다. 그러다 4월엔가 전년도 연말정산 환급금이 들어왔다. 88만 원이었다. 첫 월급을 받은 사람처럼 그렇게 기쁠 수 없었다.

휴직을 하고 처음 두세 달은 괜찮았다. 그동안 모아놓은 돈이 있기에 그럭저럭 쓰기만 해도 되었다. 하지만 넉 달, 다섯 달이 넘어가자 친구들을 만나는 것이 부담스러워졌고 카페에 가서 만 원을 쓰는 것이 조심스러워졌다. 돈이 부족하니까 사람이 인색하고 옹졸해졌으며 취미생활을 하는 것이 머뭇거려졌다. 나는 자신감이 없어졌다. 내가 이렇게 힘든데, 오랜만에 만난 친구는 왜 나에게 밥을 사주지 않고 더치페이를 하는지, 엄마는 왜 내가 집을 구하는 데 돈을 보태주지 않는지 야속했다. 한심할 정도로 의존적이고 지질하기 그지없었다.

가난은 우아하지 않다. 가난은 가족을 원망하게 만들고 사람을 소심하게 만든다. 그때 나는 위태로웠다. 다시 일을 해야만 했다.

복직 후
각자의 자리로 돌아가기

휴직 후 처음으로 회사 인사과에 전화를 했다. 어색했다. 하지만 가만히 있으면 세종시로 발령이 날 것이 뻔했고, 남편의 회복에 전념하는 것도 쉽지 않을 것이었다. 나는 인사팀장님에게 전화해서 구구절절 읍소했고, 검토해 보겠다는 답변을 들었다. 그리고 며칠 뒤, 회사에서 내 사정을 배려해서 광화문으로 발령을 내겠다는 소식을 들었다. 그 전화를 받고 얼마나 기뻤는지 모른다. 통화를 하면서도 너무 좋아서 소리 지르고 싶은 마음을 꾹 참고, 끊자마자 남편을 껴안고 기뻐했다.

아직도 첫 출근 날이 기억난다. 남편은 지하철역까지 나를 데려다주었다. 정장 차림과 구두가 어색했다. 파견근무였지만 회사의 배려로 세종으로 가지 않고 서울로 발령 난 것에 너무나 감사했다. 하루치의 일을 마치고, 집에 가는데 남편이 지하철역에 꽃다발을 들고 마중 나와 있는 것이었다. 왈칵 눈물이 쏟아져서 고개를 숙였다. 복직을 축하한다고, 첫날 너무 고생했다고. 우리 이제 다 잘될 거라고 말하는 남편의 허리를 붙잡고 땅바닥만 보며 걸었다. 남편은 센스 있게 엽기떡볶이를 시켜놨다. 첫 출근 후 집에서 먹는 떡볶이가 좋았지만, 무엇보다 가장 좋은 건 바로 월급이었다.

그 당시 우리 통장은 오랜 가뭄으로 땅바닥이 쩍쩍 갈라진 논밭과 같았다. 돈이 없으니 마음이 가난해졌다. 그러다가 첫 월급이 들어오니 살 것 같았다. 오랜 가뭄을 지나 장마가 온 것 같은 기분.

그렇게 나의 복직, 남편의 공중보건의 의가사 제대, 그리고 회복 기간을 거쳐 남편도 완치 소견을 받고 주 2회 페이닥터로 일하기 시작했다. 남편의 출근이 확정되었을 때 나는 세종시에 있었는데, 남편이 전화를 한 것이었다.

남편은 떨리는 목소리로 "자기야. 나 페이닥터 출근 확정됐어. 다음 주부터 주 2회 나갈 거야."라고 말하는데, 그간의 힘듦이 머릿속에 영화 필름처럼 스쳐 지나갔다.

이제 다 나았구나, 이제 사회 구성원으로 일을 할 수가 있구나. 치과의사를 못 할 줄 알았는데, 페이닥터로 출근한다니. 아팠을 때만큼, 비현실적으로 기뻤다. 특히나 남편을 믿고 출근시켜서 많은 걸 가르쳐 준 당시 치과 원장님께도 너무나 감사했다.

갑작스럽게 찾아온 질병은 우리를 힘들게도 했지만, 그만큼 주변을 돌아보게 되었다. 다행히 좋은 사람들이 곁에 많아서 빨리 회복하고 일상으로 돌아올 수 있었던 것 같다. 시련은 이겨낼 수 있을 만큼만 주신다는데, 조금만 더 시련이 있었다가는 삶을 지속할 수 있었을지 의문이 들기도 한다. 하지만 돌이켜 보면 우리가 단단해지는 과정이었다.

이 글을 읽는 분에게 현재 어떠한 시련이 진행 중일지 모르겠다. 확실한 것은 모든 건 다 지나간다고 말해주고 싶다. 모든 시련은 지나간다. 다만 그 당시에 모를 뿐. 두 발을 땅에 단단히 붙이고 지금 할 수 있는 일에 집중했으면 좋겠다. 그리고 하루하루를 성실하게 살아가는 것. 그것만이 내가 캄캄한 터널을 지나가는 방법이 아닐까 싶다.

남들과 비교할 필요도 없다. 남보다 큰 시련이니까 내가 세상에서 가장 힘들다고, 혹은 남보다 더 작은 시련이라고 기죽을 필요도 없다. 톨스토이가 말했지 않은가. 모든 행복한 가정은 가까이서 보면 각자의 불행을 안고 있다고. 우리는 모두 남과 비교할 수 없는 각기 다른 크기의 시련들을 안고 있다. 지금 힘들다고 주저앉아 있는다고 달라지는 건 아무것도 없다. 충분히 주저앉아 있었다고 생각이 들면 이제 손으로 땅을 짚고 일어날 차례이다. 엉덩이에 묻은 흙을 툭툭 털고 허리를 곧게 펴자. 그리고 앞만 보고 걸어가면 된다.

따뜻한 위로가
되어준 사람들

헤르페스뇌염으로 죽음의
문턱에서 돌아온 사람, H

　　퇴원 후 일주일이 지나지 않은 어느 날이었다. 저녁을 먹고 나는 시댁 우리 방 침대에 누워서 핸드폰을 하고 있었다. 갑자기 문이 벌컥 열리더니 잔뜩 상기된 표정으로 남편이 들어왔다.

　　"자기야, 내 대학원 동기가 있는데 자기 동생도 헤르페스뇌염이었대."
　　"진짜야? 헤르페스뇌염이 흔한 것도 아니고… 다른 뇌수막염이나 일본뇌염 같은 건 아닐까? 정말 헤르페스뇌염 맞아? 지금은 다 나으셨대? 언제 아프셨대?"

　　헤르페스뇌염은 워낙 희귀병이라 주변에서 환자를 찾아볼 수도 없고 찾아본다 해도 남편과 비슷한 또래의 발병 사례는 극히 드물었다. 우리가 입원했던 서울대병원에서도 같은 질병으로 입원한 환자가 없었다. 1년에 대여섯 명도 되지 않는 것 같았다. 국내 N모 포털 사이트에서는 제대로 된 정보가 부족해서 구글에서 해외 자료를 검색해서 읽었다. 그 정도로 자료가 없었다. 그런데 친구의 동생이라니, 그것도 우리 또래의 남자라니. 궁금해서 미칠 것 같았다. 궁금함과 긴장감으로 이마가 훅 달아올랐다.

그 친구도 바이러스성 뇌염이 맞는지, 맞다면 헤르페스뇌염인지. 언제 어떻게 발병했는지, 치료과정은 어땠는지, 추천해 줄 만한 주치의가 있는지, 남편은 지금 미각과 후각이 없는데 본인은 어땠는지, 투병생활에 힘든 점은 없었는지, 회복에 도움이 된 음식이나 운동이 있는지, 지금은 어떠한지, 일상생활이나 일하는 것이 가능한지 등등.

남편 친구가 전화를 연결해 주기로 했다. 우리는 통화를 기다리면서 메모장과 볼펜을 꺼내서 질문을 적었다. 한 번밖에 없는 기회였다. 최대한 많이 물어보고 싶었다.

H는 20대 중반에 뇌염에 걸렸다. 원인은 모른다. 처음에 입원했을 때는 대수롭지 않게 여겨 퇴원 후에 약 먹는 것을 소홀히 했다고 한다. 헤르페스뇌염 환자들은 발작 억제 약을 복용한다. 발작이 흔하게 일어날 수 있기 때문에 발작을 억제해서 일상생활이 가능하게 하는 약이다. 하지만 H는 퇴원 후에 상태가 좋아졌기에 임의로 약을 중단했고, 그 이후로도 세 번을 더 쓰러져서 중환자실까지 입

원했었다고 한다.

지속된 입원, 퇴원으로 H의 뇌는 많이 지쳐 있었다. 몸의 각종 조절 기능이 작동하지 않았다. 말도 어눌했고 걸음도 부자연스러웠다. 집에서 회복하던 H는 어느 날 다짐했다고 한다. 정말 마지막으로 제대로 한번 회복해 보고, 안되면 죽어야겠다고. 그날 이후로 H는 거울을 보고 하루 종일 "안녕하세요."를 말하는 연습을 했다. 처음에는 "안… 안…"만 나오던 것이 점점 좋아지기 시작했고 석 달쯤 되었을 때 자연스럽게 말을 할 수 있었다. 그다음은 걷는 연습만 석 달을 했다. 그렇게 1년이 지나니 H는 예전의 기능을 거의 다 찾을 수 있었다.

죽음의 문턱까지 갔던 H는 지금 누구보다도 건강하다. 골프, 승마, 수영, 웨이크보드 등을 타고 바디 프로필을 찍으며 개인 사업체를 운영하고 있다. 남편은 그분과 통화하면서 감동했다. 절망 속에서 우리에게는 한 줄기의 희망이었다. 아마 모든 치료과정 중에서 가장 희망적인 순간이었던 것 같다.

우리도 그렇게 될 수 있다, 우리도 노력하면 H만큼 좋아질 수 있을 것 같았다. 같은 병을 앓았던 사람이 있다는 점도, 그 사람은 지금 누구보다 건강하게 살고 있다는 점도 그저 감사했다. 백 번이라도 절하고 싶었다. 우리는 그날 희망을 보았다. 후각도, 미각도 없고, 과거 기억상실에 감정조절이 마음대로 되지 않았던 남편은 H

와의 통화에서 힘을 얻었다. '나도 할 수 있다, 내 증상 정도는 아무 것도 아니다, 노력하면 이겨낼 수 있다.' 옆에서 지켜보던 나도 다시 한번 간호할 힘이 났다. 다시 생각해도 H를 알게 된 것은 정말 천운이었고 그저 감사할 따름이다.

영화 〈브레인 온 파이어〉

뇌염과 관련된 기사를 보다가 우연히 영화 한 편을 찾았다. 미국에서 기자로 활동하다가 뇌염에 걸려 쓰러진 20대 여성의 이야기였다. 우리는 나란히 앉아서 영화를 보기 시작했다.

주인공은 대학을 막 졸업하고 뉴욕의 유명한 신문사에 취직해서 사회생활을 막 시작한다. 신입이라 일이 서투르지만 배우기에 바쁘고 퇴근 후나 주말에 같이 시간을 보내는 남자친구도 있다. 이혼했지만 각자의 방식으로 사랑해 주는 든든한 부모님도 있다.

그러던 어느 날 주인공은 시야가 뿌예지고 극심한 어지럼증을 몇 차례 겪는다. 하지만 대수롭지 않게 여기고 출근을 계속한다. 정신이 혼미해지는 일이 반복되자 주치의를 찾아가지만 별다른 이상을 발견하지 못한다. 그러던 어느 날 주인공은 집에서 자다가 극심한 발작을 일으키고 병원으로 이송된다.

　병원으로 옮겨졌지만 상황은 계속 악화되고 원인도 찾지 못한다. 처음에는 명랑했던 주인공은 시간이 갈수록 의식장애, 혼수상태에 빠지게 되고 나중에는 식물인간과 같은 코마 상태가 된다. 과격한 정신병적 성향까지 추가되어 상태는 하루하루 악화되었지만 병원의 그 누구도 원인을 찾지 못하고 한 달 넘게 시간이 흐른다. 병원에서는 더 이상 할 수 있는 것이 없으니 정신병원으로 옮길 것을 권유한다. 하지만 부모님은 그럴 수 없다. 정신병원으로 가는 순간 더 이상의 신경학적 치료를 포기하게 되는 것이니 상황이 좋아질 수가 없다고 판단한 것이다.

　그때, 주인공을 포기하지 않던 의사 한 명이 대학에서 의학을 가르치고 있는 선배 교수를 초빙한다. 교수는 포기하지 않고 주인공의 검사를 지속한다. 그러다 교수는 주인공의 눈동자가 한쪽으로만 돌아가는 것을 확인하고 시신경에 문제가 있는 것을 발견한다. 교수의 끊임없는 노력 끝에 마침내 주인공의 병명이 발견된다. 주인공은 자가면역성뇌염이었다.

　보기 드문 뇌염이라는 주제를 가지고 만든 영화였기에 처음부터 끝까지 몰입해서 볼 수 있었다. 다만 초기에 주인공이 뇌염으로 발작 증세를 보일 때 그 장면을 보기 거북했다. 주인공이 너무 연기를 잘해서인지, 남편이 쓰러지던 그날이 자꾸만 겹쳐 보이는 것이었다. 그날의 공포감, 두려움, 놀람 등이 섞여서 거대한 공기가 되어 나를 짓누르는 것 같았다. 트라우마였다. 남편은 나를 조용히 안아 주었다. 오히려 남편은 무덤덤했다. 남편은 아팠을 때, 발작했을 때 자체의 기억이 없었기 때문이다. 옆에서 처음부터 끝까지 지켜본 나로서는 영화를 담담하게 보기가 쉽지 않았다.

하지만 영화를 중단하지 않고 계속 봤다. 주인공은 마침내 적절한 치료를 받는다. 울컥했다. 남편과 종류를 다르지만 같은 뇌염에 대한 영화였기 때문에 더욱 몰입해서 볼 수 있었고, 뇌염에 대한 관심을 촉구하는 영화였기에 더 의미 있었다.

뇌염, 특히 헤르페스뇌염이나 자가면역성뇌염은 흔한 질병이 아니다. 전조증상, 치료 중 특이사항, 치료 후 예후 등에 대한 충분한 연구가 이루어져 있지 않다. 희귀 질병이니 당연하다. 그 와중에 주인공의 실화를 바탕으로 영화가 만들어졌기에 많은 사람의 관심을 받았을 것이다. 주인공은 건강을 회복하고 회사에 복귀하였고 용기를 내어 자신의 이야기를 글로 써서 신문에 알린다. 우리도 영화를 보면서 위안과 용기를 얻었다. 그래도 우리는 초기에 병을 발견해서 적절한 치료를 받았고, 자신의 아픔을 세상에 이야기하고 당당하게 살아가는 주인공의 모습을 보니 울컥했다. 우리도 곧 나을 수 있을 것이다. 다 괜찮아질 것이다. 영화 한 편이 주는 따뜻한 위로였다.

가족, 친구

아프면 인생을 되돌아본다는 말이 있다. 이번이 그랬다. 남편이 아팠다는 소식을 듣자마자 시댁 식구들은 물론이고 친정 식구들이 바로 병원으로 달려왔다. 시어머님은 나와 같이 남편의 간이침대에서 번갈아 가면서 쪽잠을 자면서 남편의 병간호를 같이했다. 시아버님과 도련님은 매일 하루도 빼놓지 않고 송파에서 대학로 서울대병원으로 어머님과 나를 실어 날랐다. 매일 왕복 3시간은 걸리는 거리였다. 친정엄마는 남편이 쓰러진 날 바로 응급실로 달려왔고, 그 다음 날도 내 속옷과 갈아입을 옷을 챙겨서 서울로 올라오셨다.

친정엄마는 김밥을 싸 왔다. 당신이 가장 잘하시는 음식이 김밥이었고 엄마의 주특기였다. 엄마는 목이 메이고 내가 안쓰러워서 그저 다 잘될 거라고, 걱정하지 말라는 말만 반복하셨다. 정말 아프거나 힘든 상황이 되면 이상하게 아무 말도 할 수 없어진다. 엄마는 이런저런 말을 하기보다는 행동으로 표현했다. 정성스럽게 김밥을 싸서 갖다주신 것이다. 엄마만의 방식이었다. 맛있는 음식을 해주는 것. 그것이 엄마가 나에게 사랑을 표현하는 최고의 방법이었다. 나는 그 마음을 알았기에 엄마의 김밥이 더욱 좋았다.

나의 여동생과 남동생도 소식을 듣자마자 병원으로 달려왔다. 병문안을 온 사람들의 공통점 중 하나는 어쩔 줄 몰라 한다는 것이다. 같이 죽을상을 하고 있어도 왠지 안 될 것 같고, 이만큼 나아져서 정말 다행이라는 말을 너무 많이 해도 안 될 것 같고 참 어렵다. 그래서 아마 먹을거리를 사 오나 보다. 맛있는 음식으로 화제를 돌리는 것이다. 같이 모여 앉아 음식을 먹다 보면 분위기가 자연스럽게 된다. 엄마의 김밥과 마찬가지로 그들만의 배려이자 따뜻한 마음이었다.

남편의 친구들도 하루도 빠짐없이 병문안을 왔다. 정말로 단 하루도 빠짐없이. 입원 초기에 남편의 기억력은 하루를 넘기지 못했다. 어제 병문안을 온 사람을 기억하지 못하는 것이었다. 나는 나중에 남편에게 도움이 되지 않을까 싶어 병문안 온 날짜와 친구들 이름을 매일 적었다. 어느새 50명이 넘었다. 하루에 두 팀, 많게는 세 팀까지 친구들이 찾아왔다. 헤르페스뇌염에 걸려 죽다 살아나서 입원 중이라는 말을 들으니 다들 바쁜 와중에 열 일 제쳐놓고 찾아왔던 것이다.

환자가 휴식을 취해야 하는데도 자꾸 병문안을 오니 병원에서 대놓고 싶은 내색을 표했었다. 의사와 간호사 선생님들이 나를 불러서 환자는 절대 안정이 필요하니 병문안 오는 걸 좀 자제해 달라고 주의를 줄 정도였다. 나도 마찬가지였다. 밥을 먹고 나면 남편이 어떤 음식을 얼마만큼 먹었는지 차트를 들고 따라다니면서 적는다. 흰쌀밥 2분의 1 공기, 고등어 한 토막, 김치 반 접시 등. 부지런히 적으면서 나도 그 옆에 쪼그리고 앉아서 도련님이 만들어 준 죽을 데워 와서 먹는다. 남편이 밥을 다 먹으면 남편의 식판을 퇴식구에 가져다 놓고, 남편에게 약을 먹인다. 그리고 나면 남편이 화장실에 가는데 그때 소변 통을 남편에게 건네준다. 화장실에 다녀온 남편의 소변량을 체크해서 또 차트에 적는다. 남편이 물을 마신다. 또 적는다. 물 200$m\ell$. 조금 쉬다 보면 간호사 선생님이 와서 남편의 혈압과 맥박을 잰다. 쉬다 보면 이번에는 심장초음파, 뇌혈류 스펙트 등 각종 검사를 하러 내려가야 한다. 병원 생활은 너무나 바쁘다.

그 와중에 친구들까지 온다고 하니 정말 죽을 맛이었다. 밥을 먹고 약을 먹고 검사를 하러 다니기도 바쁜데 친구들은 몇 시간에 한 번씩 온다. 남편은 친구가 왔다는 소식을 듣기가 무섭게 환자복 위에 패딩을 입는다. 나는 혼비백산해서 물과 함께 남편에게 약을 먹이고, 마스크는 썼는지 확인하고, 남편이 마신 물의 양을 기록한 뒤에 혹시나 간호사 선생님이 다른 검사 때문에 우리를 찾지는 않을까 해서 '휴게실 다녀옵니다. 연락 주세요.'라고 쪽지를 남기고 내 전화번호를 적어놓는다. 남편은 병실 문 앞에 서서 왜 그렇게 꾸물거리냐는 눈빛으로 나를 바라본다. 일분일초가 급한 것이다.

남편은 신나서 링거 스탠드를 밀고 성큼성큼 걸어간다. 친구들을 만나면 이야기하는 데 정신이 없다. 안타깝게도 남편이 기억하는 것은 많이 없다. 우리가 지난겨울에 강원도를 갔었나? 제주도도 갔었다구? 골프장은 언제 갔었지? 그럴 때마다 남편의 친구들은 친절하게 설명을 해주거나, 우리도 사실 자세히는 기억이 나지 않는다며, 원래 다 그런 척 위로의 말을 건넨다.

나도 계속 친구들이 면회를 오는 것을 따라다니고 남편을 챙기는 것이 쉽지는 않았다. 사실 힘들었다. 보호자는 이상하게 가만히 있기만 해도 지친다. 아마 온 신경을 환자에게 쏟기 때문에 그런 것 같다. 그 와중에 하루에 두세 팀씩 면회 온 사람들을 마중 가고 휴게실에서 대화를 나누고 하다 보면 진이 빠져버린다. 그러던 와중에 간호사 선생님들한테 자제해 달라는 요청까지 받으니 남편에게 말할 수밖에 없었다.

"자기야, 요즘 코로나도 있고 해서 간호사 선생님들이 면회를 자제해 달래. 친구들이 너무 많이 온다고 생각하시나 봐."
"하긴, 좀 그렇지?"

남편은 이해하는 것 같다가도 그 순간만이었다. 몇 시간이 지나면 다시 친구들에게 전화를 걸어서 본인의 소식을 알렸다. 놀란 친구들은 다음 날 찾아왔다. 퇴원할 때까지 반복되었다. 나는 친구들이 다녀갈 때마다 남편의 체력이 줄어드는 게 보여서 친구들이 오는 게 마냥 반갑지만은 않았다. 하지만 몇 번이나 남편에게 자제해 달라고 말해도 남편은 들은 척도 하지 않았다. 속상했지만 그렇다고 남편이 전화를 하는 것 까지 막을 수가 없었다.

하지만 나중에 알고 보니 남편이 친구들을 부른 이유는 따로 있었다. 남편은, 그 당시에는 말해주지 않았지만, 일부러 전화를 해서 친구들을 불렀던 것이다. 스스로가 살날이 얼마 남지 않았다고 생각해서였던 것이다. 매일 회진 오는 의사들도 긍정적으로 이야기해 주지 않고, 네이버에 헤르페스뇌염이라고 검색해도 급성 질환이며 2주 안에 대부분이 사망하게 되는 예후불량의 질병이라고 나오니 남편은 놀랐던 것이다. 자기가 어떻게 될지 모르니 죽기 전에 친구들을 최대한 많이 보고 싶었단다. 남편이 나중에 이 말을 하는데 울음을 참느라 혼났다. 나는 그것도 모르고 친구들을 부르지 말라고 했고, 남편은 얼마나 속상했을까. 그때 남편은 지루한 병원 생활 중에 친구들이 오는 게 유일한 활력이었다. 마지막이라고 생각하니 친구들이 너무 보고 싶었던 것이다. 어쩐지 최근 몇 년간 연락하지 않았던 몇 년 전에 친했던 형들에게까지 전화를 해서 부르는 모습을 보고 이상하다고 생각했는데, 스스로 그런 생각을 하고 있을 줄은 꿈에도 상상해 보지 못했었다.

남편은 눈치가 빠른 사람이다. 의사 선생님들의 부정적 소견, 생존 확률이 30%라는 설명. 남편은 안 좋은 결과를 생각했다고 했다. 그러다 보니 그동안 인연을 맺은 모든 사람들이 한 번씩 보고 싶었던 거라고. 퇴원하고 한참 뒤에나 남편에게 들었는데, 마음이 아팠다. 옹졸한 내 모습이 부끄러웠고 마음이 아팠다.

그렇게 친구들은 매일 남편을 보러 왔고, 나는 매일 기록했다. 어머님과는 매일 12시간마다 교대를 하며 남편이 복용하는 약, 주치의 회진결과, 기타 참고 사항 등을 기록했다. 아래는 그 기록의 흔적이다.

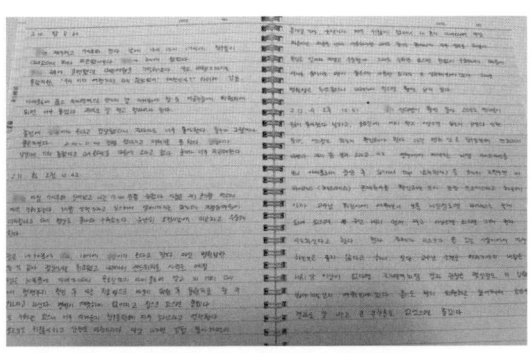

◀ 매일 간이침대에서 틈나는 대로 적은 간병 일기. 남편의 상태에 따라 희망적인 날들과, 다 던져버리고 싶을 정도로 절망적인 날들이 섞여 있다.

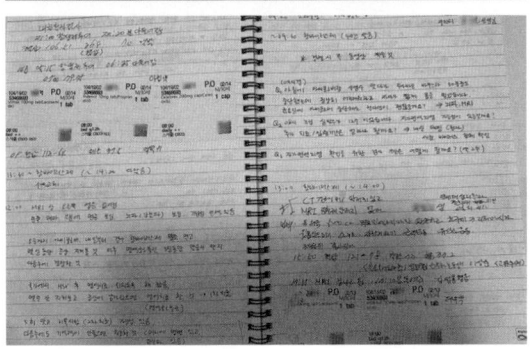

◀ 어머님과 내가 12시간 교대로 적은 기록들. 매일 남편이 먹은 약, 수액 교체 시기, 주치의 상담 결과, 주요 검사 결과 등을 기록했다.

회사 동료들

 남편의 간병을 위해 휴직을 결정했다. 더 이상 사무관이 아니라 남편의 보호자였다. 회사에는 휴직한다고 통보하고 짐을 챙겨서 바로 나왔다. 내 삶은 남편, 병원, 뇌염에 대한 생각으로 포화상태였다. 더 이상 내가 어떤 일을 했었고 어떤 사람이었는지는 기억이 나질 않았다. 7년 차 사무관, 폴 댄스를 취미로 했던 나의 모습 같은 것은 가방 속에서 굴러다니다가 어느 날 문득 꺼내보니 다 지워져버린 영수증의 잉크 자국처럼 희미해져 있었다.

 그런 나에게 사회와의 끈을 잊지 않게 해준 것은 바로 회사 동료들이었다. 하루는 혼자서 세종시에 내려와 이사 준비를 위해 집을 정리하고 있었다. 그때 갑자기 현관 초인종이 '딩동' 하고 울렸다. 찾아올 사람이 아무도 없는데 이상했다.

"누구세요?"
"화분 배달 왔습니다."
"화분이요? 올 데가 없는데. 혹시 어디서 보내신 건가요?"
"여기 동아시아FTA과에서 보내셨네요."

내가 휴직하기 직전까지 일했던 우리 과 직원들이 화분을 보내준 것이었다. 놀랍고 반가웠다. 파릇하게 돋아난 이파리에 보라색 열매가 주렁주렁 달린 내 허리까지 오는 예쁜 화분이었다. 전화기를 들어 바로 과장님께 전화를 드렸다.

"과장님, 뭘 이런 걸 다 보내셨어요. 아예 생각하지도 못하고 있었는데, 너무 감사합니다. 정말 놀랐어요. 화분이 너무 예뻐요."
"뭘요. 잘 지내요? 남편은 좀 어때요?"
"덕분에 많이 회복했어요. 정말 감사합니다."

팍팍하고 메마른 삶에도 이렇게 나를 생각해 주는 사람들이 있다는 걸 깨달을 때마다 씩씩하게 살아내야겠다고 다짐하게 된다. 진짜 좋은 관계는 위기가 닥쳤을 때 알아볼 수 있다는 말을 들은 적이 있다. 사실 회사 동료는 특별한 일이 없을 때는 그냥 동료 그 이상도 이하도 아니었다. 그 안에서도 내 업무를 뺏어가는 사람, 나에게 업무를 몰아주는 사람 정도가 있을 뿐이었다.

하지만 나에게 개인적인 위기가 찾아오니 나에게 연락하고 응원해 주는 모습에서 단순하게 직장 동료 이상의 의미가 있다는 것을 깨달았다. 그리고 다짐했다. 만약 그들에게도 힘든 일이 생기면 꼭 따뜻한 전화 한 통과 함께 내가 여유가 된다면 힘들어도 커피 한잔 사 먹으라고 3만 원짜리 기프트카드를 보낼 것이다. 실제로 내 회사 동기인 희수가 자기도 아들 때문에 서울대병원에 종종 다녔다면서, 병원 1층 카페에서 쓰라며 기프트카드를 보내주었다. 돈도 없었을뿐더러 그 카드가 그렇게 고마울 수가 없었다.

내가 아파보니 남의 아픔도 보이는 것 같다. 아프기 전에는 알지 못했다. 지금도 어디에선가 힘든 시기를 보내고 있을 누군가를 그냥 지나치지 않고, 그에게 작은 위로라도 될 수 있는, 그런 사람이고 싶어졌다.

자가면역뇌염 밴드와
네이버 카페

인터넷에 뇌염, 헤르페스뇌염 등을 검색하면 네이버 카페가 몇 개 나온다. 실제로 그 카페에 가입해서 위로를 많이 받았다.

카페 내에 보면 우리보다 증상이 안 좋은 분들도 많다. 장기간 투병하시는 분들, 그리고 그들의 보호자들이 종종 보인다. 그럼에도 불구하고 항상 힘내자고, 씩씩하고 밝게 지내자는 글들이 올라올 때마다 내심 대단하다고 느낀다.

남편이 많이 힘들 때 얼굴도 모르는 그분들을 통해 많은 위로를 받았다. 우리도 비슷한 상황이었는데 지금 나아졌다는 그 한 줄이 울리는 의미는 너무나 컸다. 아마 대부분의 환자들에게 가장 힘든 부분은 희망의 영역인 것 같다. 내가 내일 더 나아질 거라는 희망, 우리 아들 혹은 배우자가 두 달 후면 괜찮아질 거라는 희망. 그러한 희망이 있다면 하루를 이겨낼 수 있는 큰 힘이 된다.

반대로 희망이 없다면 버티기가 아주 어려운 것이 간병생활인 것 같다. 투병 과정에서 적었듯이, 회진하는 교수님이 희망적인 말을 하면 그날 하루는 왠지 모르게 힘이 나고 잘 모르겠다고 하시면 세상이 끝난 것 같다. 간병은 정신력이다. 그리고 그 정신력을 강하게 해주는 것은 바로 믿음, 그리고 좋아질 거라는 희망인 것 같다.

아무것도 모르는 사람이 그냥 힘내라고 하는 말은 크게 위로되지는 않는다. 하지만 나와 비슷한 병을 가졌던 사람이 "우리 와이프도 비슷했는데 지금은 완치되어 회사 잘 다니고 있어요."라는 한마디를 하면 그 말은 아주 큰 위로가 된다. 나 또한 아주 힘든 시기에 카페와 밴드를 통해 위로를 받았기에, 요즘도 종종 카페에 헤르페스뇌염으로 글이 올라오면 시간을 내서 댓글을 단다. 이미 우리는 완치되었고, 카페에 들어갈 일도 없지만 그래도 그 글을 올린 누군가는 한 줄기 지푸라기라도 잡는 심정으로 글을 쓰는 걸 알기에 지나치지 않고 '희망'적인 댓글을 달려고 노력한다. 그리고 몇 달 후에 그분이 많이 좋아졌다는 댓글이 달리면 그렇게 기분이 좋을 수가 없다.

지금도 어디선가 혼자만의 터널을 지나고 있는 분이라면, 인터넷 카페와 밴드에 들어가 보는 것도 추천한다. 단 짧은 시간만. 뭐든지 지나치면 독이 된다. 특히나 인터넷은 더 그렇다. 비슷한 상황에서 위로를 받는 정도에서 끝나야지, '누구는 며칠 만에 회복했는데 우리는 아니네.' 하면서 비교하기 시작하면 오히려 안 좋다.

원래 투병과 간병이 이렇게 힘들다는 것, 그리고 힘들지만 이겨냈다는 것. 그런 정도만 위안을 받는 것을 추천한다. 간병하는 시기는 몸도 마음도 많이 약해져 있다. 그럴 때일수록 먼저 걸어간 사람의 조언은 든든하다. 그럴 때 약간씩 인터넷의 도움을 받는 것을 추천한다.

병의 예방과 회복

헤르페스뇌염에 대해 알아보기

지금부터 적는 자료는 영국 The Encephalitis Society에서 발행한 뇌염 안내서*를 필자가 임의로 한글 번역한 것이다. 남편의 헤르페스뇌염 발병 초기에 한글로 된 자료가 너무 없어서 답답했는데, 인터넷으로 자료를 찾던 중 영국에서 잘 정리된 자료를 발견해서 많은 도움이 되었다. 다만 영어로 되어 있어서 자료를 이해하는 데 시간이 좀 걸렸고, 주요 용어는 번역을 해보면서 공부했다. 대다수의 자료가 전문적 지식을 요구하는 반면, 아래 자료는 비교적 일반인의 입장에서 이해하기 쉽게 정리되어 있는 것 같아 필요한 부분만 발췌하였다.

....

* The Encephalitis Society, 2018, 〈Encephalitis in adults. A guide〉, https://www.encephalitis.info.

보호자의 입장이 되어보니 실낱같은 정보 한 줄을 찾기 위해 네이버와 구글을 수도 없이 검색하게 된다. 네이버에는 사실 병에 대한 정확한 정보라든가 회복한 후기 또는 관련 내용이 거의 없다고 봐도 된다. 필자 또한 병에 대한 정보가 없어서 고생했었다. 네이버에서 아무리 검색해도 자료가 없어 답답해하다가 구글에 들어가 영어로 'herpes encephalitis'라고 검색하니 전 세계적으로 잘 정리된 논문과 자료들을 찾을 수 있었다. 혼자만 보기 아까워 자료의 일부를 공유하려고 한다. 환자 또는 보호자의 입장에서 질병에 대해 궁금하신 분들에게 도움이 되길 바라는 마음에서 번역했다. 다만 다만 필자는 전문 번역자가 아니므로 일부 정확도가 떨어질 수 있으며, 보다 정확한 정보는 〈The Encephalitis Society〉, https://www.encephalitis.info를 방문하기를 추천한다.

이 자료는 병의 이해도를 높이기 위한 참고일 뿐 실제 치료는 담당 주치의의 치료 방향을 따라가야 함을 다시 한번 밝힌다.

1) 뇌염의 정의

우선 뇌염은 뇌 자체에 염증이 생긴 것이다. 어느 연령대에서나 발생 가능하다. 염증은 뇌에 감염으로 인해 일어나거나 우리 몸의 면역체계가 잘못되어 뇌를 공격할 경우 발생한다. 뇌염은 뇌수막염과는 다르다. 뇌를 보호하는 뇌수막에 발생하는 것이 뇌수막염이다.

2) 원인

감염성 뇌염의 대부분의 원인은 바이러스성이다. 아래의 바이러스 대다수는 우리 몸 안에서 흔하게 감염을 일으킬 수 있는데, 위장, 피부 발진, 입술 부르틈 등으로 나타나지만 이러한 바이러스에 감염된 모든 사람이 뇌염으로 발달하지는 않는다.

뇌염의 원인이 되는 일부 바이러스는 다음과 같다.

- ▶ 헤르페스 바이러스 e.g., 헤르페스 단순 바이러스, 바르셀라-조스터 바이러스, 엡스타인-바 바이러스
- ▶ 엔테로바이러스
- ▶ 곤충 유래 바이러스 ex. 웨스트 나일 바이러스, 일본뇌염 바이러스, 지카바이러스

세균, 곰팡이, 기생충 등은 드물게 감염성 뇌염을 일으킨다.

- ▶ 세균 e.g., 마이코플라스마, 리스테리아, meningococcal, pneumococcal
- ▶ 곰팡이 e.g., histoplasma, 크립토코커스, 칸디다
- ▶ 기생충 e.g., 말라리아, toxoplasma

후-감염성 뇌염

바이러스가 뇌염의 주요 요인이지만, 바이러스나 다른 미생물에 의한 신체 반응이 뇌염으로 발달할 수도 있다. 이것은 우리 몸의 면역체계가 바이러스에 대항해 싸우려고 하다가 실수로 우리 뇌를 동시에 공격하게 되면서 발생한다.

급성-Disseminated 뇌염(ADEM)은 후-감염성 뇌염이다. 이 질병은 단순 바이러스 감염 또는 면역 과정 이후 발생한다. 보통 감염을 촉발하는 것과 실제 뇌염으로 발달하기까지 며칠에서 2~3주가량 딜레이가 발생한다.

자가면역성뇌염

면역 시스템이 실수로 뇌를 공격하는 형태의 뇌염을 자가면역성뇌염이라고 한다. 자가면역성뇌염은 혈액 또는 뇌척수액(Cerebrospinal fluid, CSF) 내에 특정 농도의 항체를 발견하는 것과 관련되어 있다. 면역글로불린이라고 불리는 항체는 바이러스나 박테리아와 같은 외부 요인을 제거하는 것을 돕기 위해 면역 시스템에 의해 생성되는 것이다. 공격을 촉발하는 원인은 대부분의 사례에서 안 알려져 있다. 가끔 종양이 항체를 생성하기도 한다. 자가면역성뇌염은 종종 다음과 같은 항체를 타깃함으로써 정의되기도 한다.

- ▶ VGKC-복합체
- ▶ NDMA-수용체, AMPA-수용체, BAGA-수용체
- ▶ GAD

헤르페스뇌염

위에서 알아본 뇌염의 종류들 중, 남편이 걸렸던 것은 바이러스 감염성 뇌염 중 헤르페스 바이러스에 의한 것이었다. 헤르페스뇌염은 다음과 같다. 이하 내용은 위와 같이 영국 보건연구소에서 발행한 자료 중 헤르페스 단순바이러스 뇌염의 일부를 임의 번역하였다.*

헤르페스뇌염은 헤르페스 바이러스로 인해 발생하는 감염성 뇌염이다. 헤르페스 1형, 2형의 두 종류가 있다. 1형이 주로 입과 목 주변의 감염의 원인이 되며 가끔 무증상이기도 하다. 하지만 최근에 생식기 헤르페스와의 연관성도 발견되었다. 2형은 대부분 성인에게서 성적 접촉을 통한 감염과 연관되어 있다.

대략 성인의 90%는 일생 동안 헤르페스 1형 바이러스에 감염되는 경험을 한다. 이 바이러스는 목을 통해 들어와 신경절을 통해 이동한다. 몇몇 사람에게서 피부 발진이나 입술 주변 수포를 발생시킨다.

---

* Herpes Simplex virus Encephalitis(HSE), Nick Davis, https://www.encephalitis.info

헤르페스 바이러스는 광범위하게 퍼져 있지만, 헤르페스뇌염은 매우 드물다. 어떻게 HSV가 뇌에 침투하는지는 알려지지 않았다. 어쨌든 바이러스가 뇌에 침투하면 급성 병증을 일으키는데 바이러스 감염에 의한 결과와 관련된 염증 증상은 종종 심각하다. 전형적으로 이 바이러스는 대뇌의 변연계라고 부리는 곳에 주로 나타난다. 그리고 나서 인접한 전두엽과 측두엽으로 퍼져나간다.

3) 증상

헤르페스뇌염은 주로 며칠에 걸쳐서 발병한다. 주로 감기와 같은 일반적인 증상으로 시작하고 그다음 신경학적으로 악화된다. 가장 흔한 증상은 다음과 같다.

- ▶ 두통, 착란
- ▶ 메스꺼움, 열
- ▶ 발작, 졸림

증상이 나타났음에도 치료되지 않는다면 증상은 점점 심해져서 죽음에도 이를 수 있다.

4) 진단

가장 중요한 진단 과정은 척수천자(요추천자)로 뇌척수액을 뽑아

실험실에서 확인하는 것이다. 이 테스트는 신경학적으로 발병 이후 10~20일간 유효하며 이후에는 음성이 나오는 경우가 많다. 음성이 나온다면 뇌척수액 내에 있는 헤르페스 바이러스 항체를 검출하는 방법이 사용될 수 있다. 환자가 병원에 왔을 때 증상이 미미해서 뇌척수액 검사가 바로 이루어지지 않을 수도 있다. 하지만 이 검사가 가장 정확하기 때문에 모든 헤르페스뇌염 의심 환자에서 최대한 빨리 척수천자 및 PCR(중합효소연쇄반응, 바이러스 유전자 검출 목적)이 이루어져야 한다.

컴퓨터 단층촬영장치를 통한 뇌 영상(CT)도 뇌의 변화를 보기 위해 촬영할 수 있다. 그러나 CT 영상에서 잘 안 나타날 수 있기 때문에 MRI 스캔이 도움이 될 수 있다. MRI는 뇌염이 가장 흔하게 발생하는 측두엽의 이미지를 가장 잘 보여줄 수 있는 방법이기 때문에 의료진이 변화를 정확하게 확인할 수 있는 방법이다. 대부분의 헤르페스뇌염 환자에서 MRI는 비정상으로 관찰된다. 때때로 뇌의 전기 자극 활동을 관찰하는 EEG도 진단에 도움이 된다.

5) 치료법

발병 후 초기 며칠 내로(48시간) 아시클로버(aciclovir) 치료가 들어가면 환자의 증상은 점차 호전된다. 아시클로버를 투여하지 않는다면 헤르페스뇌염의 치사율은 70~80%에 이른다. 아시클로버 투약 이후 치사율은 10~20%로 내려간다. 즉, 즉각 아시클로버를 투여하는 것이 가장 중요하다. 그렇지 않다면 인지 장애, 간질 발작 및 다른 종류의 합병증과 같은 감염 후 합병증의 위험이 증가한다.

그러나 헤르페스뇌염의 증상이 사실 여러 원인에 의해 발병하는 증상과 유사하여 초기에 진단하는 것이 쉽지 않다. 영국 표준 가이드라인은 성인을 기준으로 최소 14일간의 아시클로버 정맥 투여를 권장한다. 이 치료의 마지막 단계에서 척수천자와 뇌척수액의 PCR 검사가 이루어져야 한다. 더 이상 헤르페스 바이러스가 검출되지 않으면 치료는 중단될 수 있다. 만약 바이러스가 검출된다면 치료는 지속되어야 하고 7일 간격으로 척수천자를 통해 뇌척수액 내에 헤르페스 바이러스가 없어질 때까지 반복할 수 있다.

일부 환자에게서 아시클로버를 투여해도 증상이 지속될 수 있다. 아주 드물게 아시클로버에 저항성일 수 있으며 더 이상 약이 바이러스의 복제를 제한할 수 없다는 의미이다. 이 경우 뇌척수액 내에 바이러스가 남아 있을 수 있으며 추가적인 치료를 하거나 다른 항바이러스성 치료로 대체되어야 한다.

6) 헤르페스뇌염의 재발

헤르페스뇌염은 한 번만 발생하는 경향이 있다. 나중에 재발하는 것은 매우 드물다. 그러나 지속적인 아시클로버(aciclovir) 치료에도 불구하고 악화되는 경우, 이는 환자의 체중을 고려하지 않은 불충

분한 용량을 투여했거나 발작과 같은 뇌염의 다른 합병증이 발생했기 때문일 수 있다. 치료 중단 후 감염성 뇌염이 조기에 재발하는 특이한 경우, 치료가 충분한 시간 동안 제공되지 않았기 때문일 수 있다. 이러한 경우 치료를 즉시 재개하는 것이 적절하다.

헤르페스뇌염에
걸리지 않으려면

헤르페스뇌염은 우리 몸 안에 있는 헤르페스 바이러스가 뇌척수액 안으로 침투하여 뇌에 염증을 일으키면서 발생하는 질병이다. 따라서 헤르페스뇌염에 걸리는 것을 예방하려면 헤르페스 바이러스에 감염되지 않거나, 감염되더라도 바이러스가 뇌에 침투하지 않도록(보통은 침투하지 않는다) 평소에 건강관리를 잘하는 것이 중요하다.

사실상 헤르페스 바이러스는 대부분의 성인에게서 찾을 수 있기 때문에 헤르페스 바이러스 자체에 감염되지 않도록 노력하는 것은 무의미하다고 할 수 있다. 그렇다면 바이러스에 감염되더라도, 일반적인 사람들에게 나타나는 것처럼 입술의 수포 정도만 나고 지나가도록 해야 할 것이다. 남편의 경우에는 헤르페스 바이러스 침투(지저분한 손으로 코털 뽑기)와 바이러스의 뇌 침투(불규칙한 수면)가 동시에 이루어지면서 헤르페스뇌염으로 발전한 것으로 추정된다.

당시 남편의 수면 습관은 퇴근 후 새벽 5시까지 게임 등을 즐긴 후 한두 시간 취침 후 출근하는 패턴의 반복이었다. 사실상 잠을 거의 안 잔 셈이다. 이러한 생활을 한 달 넘게 지속했다. 시험기간에 밤을 새워본 기억이 있다면 하루만 잠을 안 자도 다음 날 얼마나 피곤하고 머리가 몽롱한지 알 것이다. 어느 유튜버가 잠 안 자기로 콘텐츠를 찍었는데 도전하고 10일이 지나자 글을 못 읽고, 깨어 있어도 반응하지 않아서 유튜브에서 안전상의 이유로 정지시킨 일이 있었다. 그만큼 잠을 안 자는 것은 신체 면역체계와 정상적인 활동에 치명적인 영향을 줄 수 있다. 그런데 남편은 하루 이틀도 아니고 한 달이 넘도록 하루 2시간도 안 잤으니 몸의 면역체계가 제대로 작동할 리 없었다. 그러다 망상, 고열이 시작되었고 헤르페스뇌염이라고 최종 진단을 받게 되었다.

일반적 생활을 하는 사람이라면 내가 뇌염에 걸리지 않을까? 고민하는 것은 필요 없다고 생각한다. 그럴 확률도 드물다. 아니 아주 희박하다고 볼 수 있다. 따라서 이 병에 대해서 이미 알고 있거나 주변에 이 병에 걸린 사람이라면 회복에만 신경 쓰고, 이 병과 관련이 없지만 이 책을 읽게 된 일반인이라면 부디 스트레스 없이 규칙적으로 생활할 것을 진심으로 바란다.

두 번째,
남편의 이야기

결혼이라는 것

첫 만남 그리고 결심

아내와는 대학 시절 처음 만났다. 내가 신입생 시절 OT에서 처음 봤던 그녀는 학생회장을 하고 있던 2학년 선배였다. 키가 컸고, 늘 긴 생머리를 하고 다녔다. 얼굴이 작았고 웃는 모습이 예뻤던 것 같다. 하지만 친해질 수 있는 기회가 거의 없었고, 나에게 아내는 학생회장 선배 그 이상 또는 그 이하도 아니었다. 다만 단순 학생회장이라는 것 치곤 행사 때 참석하면 유독 잘 챙겨준다는 느낌이 들긴 했다. 나에게 있어 아내는 1박 2일 학부 MT가 끝나면 200명이 넘는 학우들을 이끌고 해장국집에서 해장을 하고 해장술을 먹는 그런 선배였다. 순댓국과 뼈해장국을 제일 좋아하는 줄 알았는데 사실 알고 보니 파스타를 좋아한다는 사실을 알고 충격받았던 기억이 있다. 대학교 졸업 무렵 아내를 우연히 다시 만났고, 그때부터 사귀게 되었다. 24살이었다. 그 이후 우리는 20대에만 할 수 있는 풋풋하고 살벌한 연애를 7년간 했고 결혼했다.

사실 이 책을 빌려 말하지만, 나는 노는 걸 참 좋아했다. 친구가 좋았고 같이 보내는 시간이 무엇보다 소중했다. 아마 지금의 아내가 아니었다면 결혼을 아주 늦게 했을 거라는 근거 없는 확신이 있다. 나는 한때는 경기도 하남시였다가 서울로 편입이 된 거여동의 한 다세대 주택가에서 태어났다. 넉넉하진 않았지만 그렇다고 크게 부족하지도 않은 그런 어린 시절을 보냈다. 초·중·고·대와 대학원까지 한 동네에서 통학을 하면서 각각의 친구 무리가 생겼다.

어느덧 여자친구와 사귄 지도 6년이 넘어가고, 우리는 결혼을 이야기해야 하는 단계에 이르렀다. 20대 초반에 만난 우리는 30살에 가까워지고 있었다. 당시에 나는 치의학전문대학원(이하 치전)을 막 졸업하고 공중보건의사로 복무할 시기였다. 그토록 원하던 치과의사 자격증도 땄고, 친구들은 젊고 혈기 왕성했다. 공중보건의사로 근무하던 지역은 소박하지만 답답했고, 주말이면 서울로 가서 친구들을 만나서 놀곤 했다.

연애는 순탄했다. 하지만 현실적으로 결혼에 대한 이야기를 해야 할 시점은 점점 다가왔다. 대한민국의 29살의 남자라면 사실 결혼을 결정하기가 쉽지는 않을 것이라고 생각한다. 특히나 취업도 하기 전, 한 달에 200만 원 남짓 하는 공중보건의사 월급으로는 더더욱. 치전에 입학만 하면, 치전 졸업반만 되면, 공보의만 하면, 페이닥터만 시작하면 결혼하자고 미뤄오던 것도 더 이상은 미룰 수 없었다.

당시 아내는 30살, 사무관 6년 차였다. 나와 연애한 지는 7년 차. 아마 주변에서 결혼은 언제 하냐고 많이 물어봤을 것 같다. 마냥 놀고만 싶었던 나에게도, 이제는 결정할 시기가 되었던 것 같다. 당시 아내의 직장은 세종시, 나는 충남 홍성군에서 공중보건의사를 하고 있었기 때문에 신혼집은 세종 또는 홍성이 될 거였고, 서울을 즐기는 삶에서도 많이 멀어질 것이 뻔했다. 게다가 월급도 적은 것 같았고, 여러모로 결혼하기에 적절한 시기는 아니라고 생각했다. 하지만 시기를 핑계로 아내를 놓친다면 나중에 후회할 것 같았다. 결혼을 결심했다. 서울 라이프에 대한 미련은 마음 한구석에 품은 채로.

핑계는 중독을 낳고

그냥 심심하니까
하는 거야

신혼집은 세종시로 결정되었다. 아내는 회사까지 걸어서 10분 거리, 나는 차로 1시간 남짓 걸리는 거리였다. 홍성에도 그렇고 세종에서도 그렇고 태어나 30년가량 자란 서울 본가에서 벗어나 아는 사람 한 명 없는 새로운 도시에서 적응한다는 것이 쉽지만은 않았다. 주말만을 기다렸다가 서울로 올라가서 친구들을 만나곤 했다. 주말은 그렇게 바빴지만 주중에 친구들을 만날 방법이 없었다. 그러다가 중학교 동창들이 리니지라는 인터넷 게임을 다 같이 한다는 이야기를 듣고 나도 계정을 만들고 같이하기 시작했다.

처음엔 다소 밋밋한 세종시 생활에 활력을 주는 정도였다. 서울에 있는 친구들과도 실시간으로 같이 이야기하며 게임을 하니 즐거웠다. 하지만 점점 진심으로 게임을 하게 되었다. 퇴근 후 집에 오면 컴퓨터부터 켜고 게임을 했다. 처음엔 2시간이었지만 점차 밤 12시, 새벽 1시를 넘기기 일쑤였다. 유명한 게임 방송 스트리머가 아이템을 준다는 이야기에 새벽 2시까지 기다려서 참여했다. 리니지는 시간을 많이 투자할수록 레벨이 올라가는 구조였다. 24시간 켜놓을 수만 있다면 더욱 유리한 게임이었다. 잠자는 시간도 아까웠다. 퇴근 후 저녁 7시에 시작한 게임은 깜깜한 자정을 지나 다음 날이 다시 밝아올 무렵까지 계속되었고, 겨우 한두 시간 눈을 붙이고 출근했다.

아내는 퇴근 후 운동을 하고 집에 들어와서 나와 조금 이야기하다가 먼저 잠들곤 했다. 그리고 새벽 2시, 새벽 3시, 새벽 4시쯤 깨서 게임을 하는 나를 찾아와 "얼른 자라."고 했고, 나는 "조금만 더 하다 가겠다."고 말하곤 또 1시간을 더 했다. 지금 생각해 보면 제정신이 아니었던 것 같다. 중독 상담을 받았어야 될 정도였다고 본다. 하지만 그 당시에는 인생에 가장 재밌는 게 인터넷 게임이라고 생각했던 것 같다.

이러한 생활이 계속됐다. 게임을 시작한 건 가을이었는데, 어느덧 12월이 되었다. 밤을 새우는 생활이 처음에는 일주일에 하루 이틀뿐이었는데 나중에는 거의 매일 그런 생활을 했다. 하루에 2시간도 안 잤다. 처음에는 별로 피곤하지도 않았다. 그렇게 무리하고 있다고 생각하지도 않았다. 그냥 게임은 심심풀이로 하는 것이며, 나는 마음만 먹으면 언제든지 끊을 수도 있다고 생각했다.

그러다 어느 날 가을, 서울에 사는 부모님이 충남 쪽에 볼일이 있어서 내려오시는 김에 신혼집에 1박 2일로 오시게 되었다. 평일이어서 나는 연가를 냈고 아내는 출근하는 날이었다. 나는 혼자 집에서 부모님을 맞았다. 물 한 잔을 따라 드리고 집 구경을 조금 시켜 드린 후 거실에서 쉬시라고 하고 나는 방에 들어가 게임을 했다. 기가 막힌 일이었다. 저녁시간이 되고 아내가 퇴근하면서 장을 봐 왔다. 같이 요리를 해서 저녁을 먹고 나서 나는 또 방으로 들어가 게임을 했다. 다음 날 아침, 아내는 출근하고 집에는 나와 우리집에 놀러 오신 부모님이 계셨다. 나는 계속 게임을 했다. 어머니가 같이 놀러 나가자고 했는데도 나는 중요한 승급전이 있다면서 1시간만 있다가, 조금만 이따가 가자며 계속 미뤘다. 참다못한 어머니가 화가 머리끝까지 나서 큰 소리를 내셨다. "너, 이딴 식으로 할 거면 우린 지금 서울로 올라갈 거다. 알아서 해라." 그제야 나는 사태의 심각성을 파악하고 마지못해 방에서 나와 부모님과 산책을 하러 나갔던 것 같다. 부모님은 계속 게임중독이라고 정신 차리라고 하셨지만 나는 "중독이 아니다. 그냥 심심하니까 하는 거다. 걱정 말아라."라고 앵무새처럼 반복해서 말할 뿐이었다.

그렇게 온라인 게임 중독이라는 늪으로 빠져들어 갔다. 눈을 뜨면 게임하고, 눈을 감고 있다가도 게임을 하는 생활이 계속되었다. 쓰러지기 2주 전에 세종시에 있는 프랑스 식당에서 장모님 은퇴 기념 저녁을 먹었다. 사실 이맘때의 기억은 어디까지가 사실이고 어디부터가 사진을 보고 추측한 건지 구분하기 어렵다. 긴 꿈을 꾸다가 깬 듯, 부연 수증기가 가득한 사우나에 간 듯 흐릿한 기억의 조각들뿐이다.

조금씩 전조증상은
시작되고

쓰러지기 일주일 전에는 몸살에 걸렸다. 몸이 아파 보건소에 병가를 썼다. 으슬으슬했고, 열이 났다. 약국에 가서 몸살감기약을 사 먹었지만 낫지 않는 것 같아 집 근처 이비인후과에 가서 수액도 맞고 독한 감기약도 지어 먹었는데 며칠이 지나도록 열은 내려가지 않았다. 해열제를 먹으면 그때뿐이었고 다시 열이 올랐다.

당시는 2020년 1월로 코로나바이러스가 막 시작될 무렵이었고, 전국적으로 10명 내외의 환자가 발생하고 있었다. 메르스 때와 비슷하게 또 다른 유행병 하나가 시작되었구나 싶었지, 그 누구도 이후의 사태처럼 크게 번지리라고는 생각하지 못할 시기이기도 했다.

하지만 누구도 그렇게 심각하게 여기지 않았던 코로나 발생 뉴스를 보고, 옆에 있던 아내에게 진지하게 말했다.

"지금 코로나가 아주 심각해질 것 같아. 이러다 가족들까지 위험할 수 있으니 멀리 가야 할 거 같아."
"멀리? 어디로?"
"서해안에 외진 섬 있지 않을까? 거기 가서 당분간 살아야 할 거 같은데. 통조림도 잔뜩 챙겨가서 땅에 파묻고."
"그렇구나. 근데 우리 내일 출근해야 돼."

이름도 생소한 감기 바이러스의 출현에 서울, 세종에 사는 모든 가족들이 당장 생업을 내려놓고 서해안의 섬으로 피난을 가야 한다는 말에 와이프는 내가 또 이상한 소리를 하나보다 생각했다고 했다. 지금 생각해 보면 병이 진행되면서 나타난 전조증상 중 한 가지, 과대망상이었던 것 같다.

평소의 본인이라면 아마 TV에서 메르스, 사스, 코로나 등 그 어떤 생소한 영어 이름의 유행병이 아무리 심각하게 돌아도 마스크조차 쓰지 않았을 정도로 무던한 편인 성격이었기에, 섬으로 피난 가야 한다는 말에 가족들이 콧방귀조차 뀌지 않았던 것 같다.

또 다른 전조증상으로 멍때리기가 있었다. 열이 나기 며칠 전, 친구들과 강남의 고깃집에서 만나 술을 먹었다. 평소라면 친구들과의 모든 이야기가 재밌고 흥미로웠을 텐데, 그날은 이상하게 모든 이야기가 재미가 없었다. 정확하게는 지루했다는 표현이 맞을 것 같다. 대화 소리가 들리고, 친구들이 각자의 연애, 취미, 요즘 관심

사, 연예인, 아는 사람 이야기 등 활발하게 얘기를 했지만 모든 대화가 귀로만 들어왔지 도저히 흥미가 일어나질 않았다. 마치 꿈속에서 듣는듯한 느낌? 외국어로 이야기하는 느낌이랄까… 예의상 대화에 참여하는 표정은 지었지만, 속으로는 대체 왜 이렇게 재미가 없나 생각했다.

이상하다고 느낀 것은 나뿐만이 아니었다. 나중에 친구들로부터 들은 말로는, 그날의 내가 평소와 달리 말이 너무 없어서 "쟤 오늘 좀 이상하네."라는 말이 나왔었다는 것. 아마도, 바이러스가 뇌에서 활발하게 증식 활동을 시작하면서 사고, 언어, 논리 등의 영역을 마비시키기 시작한 것은 아닌가 하는 생각이 든다.

그렇게 약간의 망상, 멍때리기, 열이 나기 시작했다. 그럭저럭 일상생활은 가능해서 해열제를 먹고 하루하루를 보내고 있었다.

내가 사라졌다

헤르페스뇌염,
그리고 낮은 생존률

환자복을 입고 있었다. 아내와 엄마의 말로는, 내가 무슨 병에 걸려서 응급실에 실려 갔고 이후 병원에 입원했다는 것이었다. 나는 집에 가고 싶었다. 주렁주렁 달아놓은 링거 바늘은 불편하기만 했고, 아픈 곳도 없는데 왜 퇴원시키지 않는 것인지 궁금했다. 강제로 손등에 놓은 주삿바늘을 잡아 뜯었다. 손등에 도드라지게 보이던 혈관은 하루에도 몇 번씩 링거 바늘을 새로 잡는 바람에 손등 속으로 숨어버렸다.

그러다 처음 의식이 들고 내 병명을 들었을 때, 검색창에 '헤르페스뇌염'을 검색했다.

단순 헤르페스 바이러스가 원인인 뇌염인데, 소아, 성인에도 침범하여 고열을 내면서 의식장해, 혼수상태에 빠지고, 급성을 경과하여 2주일 전후가 되면 대부분이 죽게 되는 예후불량인 뇌염이다.

(네이버 지식백과 생명과학대사전)

실제로 검색해 보니 대부분 죽게 된다고 나오길래 '아 나도 곧 죽을 수도 있겠구나.' 싶었다. 슬프거나 억울함보다는 생각보다 그저 무덤덤했던 것 같다. 하지만 살고 싶었다. 살 수 있다는 말을 듣고 싶었다.

하지만 매일 교수님 회진 시마다 언제 회복할 수 있는지 물어보면 "아직은 아무것도 모른다." 또는 "지켜봐야죠."라는 대답만 들을 뿐이었다. 아무것도 확신할 수 없기에 교수님은 최대한 보수적으로 말하신 듯했다. 하지만 환자 입장에서는 꽤나 절망적이었다. 지금 내가 환자들을 보는 입장에서 생각해 보면 충분히 이해가 되는 대답이지만, 그 당시에는 정신적으로 약해져 있어서 "아무것도 알 수 없다."는 말이 "곧 죽을 수도 있다."라는 말로 들렸다.

의사 선생님 입장에서는 너무 긍정적으로만 이야기했다가 환자 상태가 안 좋아지면 더 감당이 어렵기 때문에 중립적으로 이야기를 하셨던 것 같다. 아무래도 병에 걸리게 되면 주변의 한마디나 인터넷에 떠도는 누군가의 한 문장에 마음이 크게 동요될 정도로 정신적으로 많이 약해지는데, 하물며 주치의 선생님의 한마디는 그 무엇보다 강력한 메시지로 와닿았다. 속 시원하게 "나을 겁니다."라는 말을 들었다면 어땠을까? 실제 희귀병이라 치료 사례가 많지 않고, 예후도 좋지 않아서 누구도 희망적인 말을 해주지 않았다.

지금 생각해 보면 치료과정에서 가장 힘들었던 부분은 그 병에 대한 정보가 거의 없다는 점이다. 보통 우리가 어떤 질병에 걸리면 가장 먼저 하는 일은 네이버에 검색하는 일이다. 검색해서 보통 치료에는 얼마나 걸리는지, 어떤 치료를 하는지, 실제로 그 치료를 받은 사람들이 회복한 후기는 어떤지 등을 본다. 하지만 헤르페스뇌염은 그런 게 전혀 없었다.

만약 이대로 세상을 떠난다면 남겨질 부모님과 아내에게 너무나 미안했다. 재산을 주고 먼저 가도 모자랄지언정, 빚만 많았다. 그 빚을 물려주고 내가 세상을 떠날 수도 있다는 생각이 끔찍하게 싫었다. 하지만 당장 할 수 있는 일이 없었다. 내가 할 수 있는 일은 단 한 가지였다. 그동안 살면서 기억에 남는 사람들과 한 번이라도 더 연락하는 것.

나는 최대한 모든 에너지를 써서 매일같이 카톡을 해서 내가 입원 중임을 알렸고, 고맙게도 대부분의 친구들이 시간을 내어 면회를 와주었다. 몇 년 전에 연락이 끊긴 대학 시절 인연들, 한번 보자고 말만 하다가 바빠서 못 본 친구들, 그리고 나의 가까운 사람들, 소중한 사람들.

높은 사망률, 긍정적이지 않은 의사의 소견. 모든 것이 합쳐져 나는 표류하는 배와 같이 마음을 잡지 못했고, 그저 혹시 마지막일지 몰라 지인들에게 연락하는 일만 계속할 뿐이었다.

고비를 넘기다

　매일 치료는 이어졌고, 다행히 큰 고비는 넘긴듯했다. 병원 생활은 특이할 것은 없었다. 딱히 희망적이지도 않지만 그렇다고 절망을 대놓고 티 낼 수도 없는. 하루하루가 기계적으로 흘러갈 뿐이었다. 작은 침대와 흰색 병실, 눈부신 백열등 그리고 옆의 간이침대에서 누워 있거나 무언가를 적고 있던 아내와 어머니.

　시간이 지나며 조금씩 호전되었고, 저녁에는 병동을 한 바퀴 산책했다. 방문객이 놀러 오면 링거 스탠드를 끌고 서울대병원 지하 1층 푸드코트에 가곤 했다. 2주가 지날 무렵, 친한 형이 치킨을 사서 가죽점퍼 안에 숨겨서 들어오기도 했다. 코로나로 전 세계 주가가 폭락한 것을 듣고, 빚을 내서라도 주식을 사야 하는데 하고 잠깐 생각하기도 했다.

문득문득 병원 생활 중에 죽음에 대해서 생각할 때마다 느낀 건, '그래도 세상을 후회 없이 잘 살았지 않나, 이렇게 투병하다가 만약 세상을 떠나게 되어도 큰 아쉬움은 없다.'였다.

특히 살날이 얼마 남지 않았다는 위기감에 매일 친구들에게 연락을 했고 많은 친구들이 병문안을 왔었다. 나중에 아내가 적어놓은 투병일지를 보니, 단 하루도 빠짐없이 방문객이 있었다.

당시 병문안을 와준 친구들. 진협, 성룡, 상백, 현준, 수걸, 현민, 경훈, 진영, 진욱, 진경, 승길, 건주, 영성, 지섭, 병주, 용희, 국환, 상준, 광택, 기훈, 진호, 영근, 우섭, 치웅, 동근, 동현, 재현, 찬호, 승호, 성웅, 상태, 병수, 영성, 태형, 마로, 수지, 성환, 상훈, 정환, 봉택, 현동, 정웅, 승민, 원진, 승제, 경식, 신완.

모두에게 깊은 감사를 보낸다. 외롭고, 힘든 병원 생활에 내가 나로서 숨 쉴 수 있는 소중한 순간들이었다. 삶에 대한 의지를 되새기는 반면, 생에 대한 미련도 약간은 내려놓을 수 있었다. '이렇게 많은 친구들이 찾아오다니. 내가 그래도 인생을 잘 산 편이구나, 이 정도면 잘 산 인생이다.' 하고.

다만 가족들에게는 늘 고맙고 미안했다. 친구들은 병원에 찾아오는 사람들이지만, 가족들은 그 자리에 머물러 주는 사람들이니까. 당연한 것 같지만 세상에 당연한 건 없는 거라는 생각이 든다. 쓰러졌을 때 우리가 결혼한 지 얼마 되지 않아 혼인신고가 안 되어 있었다. 그때 아내가 회사에 휴직을 내려면 법적으로 부부라는 증명서가 필요한데, 그걸 받기 위해 혼자서 시청에 가서 혼인신고를 하고 왔다. 내 신분증과 도장을 챙겨서 서울대병원에서 지하철을 갈아타고, 세종시청으로 가서 혼자 번호표를 뽑고 혼인신고를 했을 그 마음. 아이가 생길 즈음 혼인신고를 하자고 약속했는데, 내가 이렇게 쓰러져 혼자 혼인신고를 하러 갔을 아내를 생각하니 마음이 안 좋다. 떠올릴수록 '아프면 안 된다.'가 세포 하나하나 되새겨지는 순간들이다.

그리고 내가 아팠던 매 순간, 각자의 삶, 직장, 일상 등 모든 것을 포기하고 나의 회복을 위해서 함께해 준 가족들에게 감사하다. 당연한 듯 보이지만, 세상에 당연한 것은 없다고 생각한다. 가족들이 보여준 헌신과 사랑을 잊지 않고, 살면서 조금씩 갚아나가려고 한다.

내가 사라졌다

빠른 초기 대응과 가족들의 간병으로 어느 정도 치료는 되었지만, 후유증이 남았다. 바로 후각과 기억의 상실.

사실 기억상실이라는 게, 나는 그 정도를 모른다. 예를 들면, 종이에 연필로 꾹꾹 눌러쓴 다음에 지우개로 살살 지우면 연필의 흔적이 희미하게 남는다. 그러면 사람들은 나에게 연필의 흔적, 즉 무언가를 적은 기억은 나냐고 물어본다.

하지만 기억상실은 그런 개념이 아니다. 종이에 연필로 무언가를 쓴 일 자체가 사라져 버린다. 무(無)의 상태. 기억 자체가 없는 것이다. 어디서부터 어디까지 사라졌는지를 모른다. 연필로 적은 적 없는, 원래부터 새하얗던 종이일 뿐이다. 그런데 친구들이 물어본다. 너 3년 전에 나랑 여름에 가평 놀러 갔던 거 기억나? 나는 그제야

생각한다. '아, 내가 친구들하고 그런 데도 갔구나.'

연필로 지운 흔적을 찾아가는 게 아니고, 새하얀 종이에 친구들이 적어주는 한 줄, 던지는 한마디, 사진첩에 남아 있는 사진들을 보고 기억을 찾아보려고 건져내는 느낌이다. 내가 원래 가지고 있는 기억 자체가 없기 때문에, 어디서부터 어디까지 기억상실이 일어났는지조차 알 수 없다는 것.

하지만 그 와중에 다행인 점이 한 가지 있다. 사라진 건 대부분이 단기 기억들이라는 것. 즉 장기기억들은 남아 있다는 것.

예를 들면 병이 생기기 1년 전에 친구들과 해외로 골프 여행을 간 적이 있었다. 단 한 번의 기억. 전혀 기억나질 않는다. 어느 나라를 갔는지, 누구랑 비행기를 탔는지, 어디에서 골프를 쳤는지 아예 정보가 없다.

세미나나 학술 대회에서 한 번 만나서 인사한 사람들의 얼굴도 마찬가지다. 1회성 골프 라운딩은 당연히 기억나질 않다가 나중에 친구들한테 듣는 식이다. "너 그때 나랑 포천 골프장 가서 그 선배랑 골프 쳤잖아." "내가 그랬어?" 이게 흔한 패턴이다.

사라진 단기기억 중 가장 아쉬운 것은 결혼식과 신혼여행이 아닐까 싶다. 일생에서 단 한 번의 일들인데, 이 기억들이 전혀 나지 않는다. 결혼사진과 동영상을 보고 추측해 볼 뿐이다.

 반면에 장기기억인 집 주소, 골프 스윙 동작, 치과 기술같이 끊임없이 반복해서 몸에 익은 동작이나 정보들은 기억에 남아 있다. 머리로는 모르겠는데, 몸이 알고 있는 것 같다. 만약 장기기억마저 사라졌다면 치과의사로써 아예 다시 일하기는 불가능했을 텐데, 정말 다행이었다.

 실제로도 뇌 CT 사진을 보면 바이러스 감염으로 해마 쪽이 크게 손상된 것을 확인할 수 있는데, 해마가 단기기억을 담당하는 기관이라고 한다. 단기기억이 해마에서 머물다가 뇌 안의 다른 장기기억 저장소로 이관되는데, 해마에 손상이 있기 때문에 아프기 전의 단기 기억들까지 모두 사라진 것은 아닐까 싶다.

 그렇게 나를 이루는 것이 '나의 기억'이라면, 내가 사라졌다. 내가 보고 느꼈던 것들, 나의 경험들, 나의 성격까지도.

회복

퇴원 그리고 희망

3주간의 입원을 마치고 드디어 퇴원을 했다. 퇴원 후에도 지속적으로 통원치료가 필요했기 때문에 우리는 우선 거여동의 본가로 들어갔다.

우리 집에는 코로나바이러스 때문에 실직 상태인 형, 병에 걸린 나, 대학원 진학을 포기한 동생, 가게를 정리한 부모님, 그리고 간병을 위해 휴직한 와이프까지 6명이 살게 되었다. 직업이 없는 성인 6명이 한 집에서 부대끼는 것은 생각보다 고통스러웠다. 참 고단했던 것 같다. 진심으로 웃을 일이 적었고, 적은 예산으로 매끼 먹는 것이 쉽지는 않았다.

그 무렵, 우연히 대학원 동기로부터 연락을 받았는데 본인의 친동생 H도 뇌염에 걸렸다가 나았다고 했다. H는 정말 잘 회복해서 후유증도 거의 없이 지내고 있다는 걸 들었을 때의 그 떨림과 흥분감은 아직도 기억난다. H의 존재만으로도 '어쩌면 나도 회복할 수 있겠구나.' 하는 생각이 처음으로 들었던 순간이었다.

동기는 고맙게도 내 핸드폰 번호를 동생에게 전달해서 전화를 주겠다고 했다. 나는 가슴이 두근거렸고, 동시에 머릿속이 복잡했다. 설마, 설마 나랑 같은 헤르페스뇌염일까? 흔한 병이 아닌데 그럴 리가 없다. 그렇다면 세균성 뇌염일까? 비슷한 나이대의 젊은 남자가 뇌염에 걸릴 확률, 그리고 지인의 동생일 확률은 얼마나 될까? 그리고 무엇보다 중요한 질문, 아주 만약에 바이러스성 뇌염이라면, 다 나았다고 했는데 후유증은 없을까? 물어보고 싶은 게 정말 많았다.

가슴이 떨렸다. 와이프와 책상에 앉아서 그 친구에게 물어볼 질문들을 볼펜으로 꾹꾹 눌러썼다. 무엇과도 바꾸기 어려운 소중한 통화 기회였다. 기분에 휩싸여 정작 중요한 질문을 놓치고 싶지 않았다.

그렇게 질문할 것을 일목요연하게 정리하고 기다렸다. 친구는 동생 H가 저녁 8시쯤 전화를 할 거라고 했다. '지이이잉' 핸드폰이 울렸다. 우리는 30분간 통화했다. 자신감 넘치는 H의 목소리는 처음으로 나에게 희망을 주었다. 이후에도 고비를 겪고 힘들어할 때마다 H는 정말 큰 힘이 되었다. 위로와 도움을 수도 없이 받았다.

아무리 다른 사람들이 잘될 거라고, 금방 좋아질 거라고 말해줘도 사실 크게 와닿지는 않았다. 하지만 H의 경험과 위로는 나에게 아주 큰 희망을 주었다. 사례도 예후도 거의 없는 희귀병인데, 심지어 완전히 같은 질병에서 회복한 사례라는 자체만으로도 정말 큰 힘이 되었다.

그래서 이 질병을 가진 분들에게 조금이나마 힘이 되고 싶다는 마음에서 이번 책을 통해서 용기를 내서 이야기하게 된 것 같다. "저도 나았어요."라는 그 한 줄을 찾기 위해 몇 시간씩을 인터넷을 돌아다니는 환우와 보호자에게 도움이 되고자, 그리고 원래 힘든 질병이고 이렇게 나았다는 것을 보여주고 싶었다. H가 나에게 희망을 주었듯, 나의 책이 당신에게 희망을 주기를 바란다.

에필로그:
그리고 다시 일상

　이 책을 처음 쓴 지 4년이 지났다. 처음엔 트라우마를 이겨내기 위해 꾸역꾸역 쓰기 시작했지만, 나중엔 오히려 나를 치료하는 시간이 되었다. 시간은 우리를 단단하게 만들었고 점점 일상으로 돌아갈 수 있었다.

　30년도 넘은 빌라 단칸방에서 두 번의 이사를 거쳐 30평대 아파트로 왔다. 그사이에 쌍둥이가 태어났고, 남편은 네 차례의 페이닥터를 거쳐 본인의 병원을 열었다.

　우리는 행복하고 소중한 일상을 되찾았다. 물론 후각 상실과 약간의 단기기억 상실이라는 후유증은 우리를 아직 따라오고 있지만, 그만한 게 어디냐며 꿋꿋이 정신 승리 중이다. 오히려 치과 진료할 때 냄새가 안 나서 쾌적하다고 말할 정도이며, 불리한 이슈가 나오면 "기억이 나질 않는다." "기억상실 걸렸던 사람 놀리냐."고 적반하장으로 나오기까지 한다.

지금 생활이 투병 당시에 꿈도 꿀 수 없는 생활이었다면, 투병 당시는 그저 꿈만 같다. 어떻게 그 생활을 이겨냈는지. 포기하지 않고 버틴 과거의 우리에게 셀프로 박수를 보낸다.

이 글을 읽는 분이 만약 투병 중이시라면 희망을 잃지 말라는 이야기를 하고 싶다. 인터넷 검색과 부정적인 생각을 최대한 내려놓기를 바란다. 우리는 정보가 없었고, 선례가 없어서 희망도 없었다. 하지만 부정적인 태도는 전혀 치료에 도움이 되지 않았다. 오히려 우울하게만 만들 뿐. 태도와 상관없이 매일 일상을 유지하면서 치료를 받는다면, 충분히 좋아질 수 있다.

투병 중이 아닌 일반 독자라면 건강관리를 강조하고 싶다. 우리의 지난 비극은 수면 부족에서 시작됐다고 해도 과언이 아닐 것이다. 수면 부족은 면역력 부족으로 이어졌고, 희귀병이라는 거대한 바위는 우리의 일상을 짓이겼다. 하지만 미리 걱정할 필요가 없다. 매일 일정 시간에 충분한 잠을 자고, 운동하고, 제때 음식을 먹는다면 견고한 성벽처럼 일상을 튼튼하게 유지할 수 있을 것이다.

사라진 것은 되돌리기 쉽지 않다. 나도 일상도, 사라지기 전에 오늘을 충실하게 보낼 것.

내가 사라졌다

초판 1쇄 발행 2025. 3. 24.

지은이 조경은
펴낸이 김병호
펴낸곳 주식회사 바른북스

편집진행 황금주
디자인 양헌경

등록 2019년 4월 3일 제2019-000040호
주소 서울시 성동구 연무장5길 9-16, 301호 (성수동2가, 블루스톤타워)
대표전화 070-7857-9719 | **경영지원** 02-3409-9719 | **팩스** 070-7610-9820

•바른북스는 여러분의 다양한 아이디어와 원고 투고를 설레는 마음으로 기다리고 있습니다.

이메일 barunbooks21@naver.com | **원고투고** barunbooks21@naver.com
홈페이지 www.barunbooks.com | **공식 블로그** blog.naver.com/barunbooks7
공식 포스트 post.naver.com/barunbooks7 | **페이스북** facebook.com/barunbooks7

ⓒ 조경은, 2025
ISBN 979-11-7263-260-1 03810

•파본이나 잘못된 책은 구입하신 곳에서 교환해드립니다.
•이 책은 저작권법에 따라 보호를 받는 저작물이므로 무단전재 및 복제를 금지하며,
이 책 내용의 전부 및 일부를 이용하려면 반드시 저작권자와 도서출판 바른북스의 서면동의를 받아야 합니다.